Sen | Rationale Dummköpfe

[Was bedeutet das alles?]

Amartya Sen

Rationale Dummköpfe

Eine Kritik der Verhaltensgrundlagen der Ökonomischen Theorie

Aus dem Englischen übersetzt von Valerie Gföhler

Mit einem Nachwort von Christian Neuhäuser

Reclam

2., durchgesehene Auflage

RECLAMS UNIVERSAL-BIBLIOTHEK Nr. 14064
2020 Philipp Reclam jun. Verlag GmbH,
Siemensstraße 32, 71254 Ditzingen

Gestaltung: Cornelia Feyll, Friedrich Forssman
Druck und Bindung: Kösel GmbH & Co. KG,
Am Buchweg 1, 87452 Altusried-Krugzell
Printed in Germany 2020

ISBN 978-3-15-014064-2

Auch als E-Book erhältlich

www.reclam.de

Inhalt

Rationale Dummköpfe: Eine Kritik der Verhaltensgrundlagen der Ökonomischen Theorie

I

In seinen 1881 erschienenen *Mathematical Psychics* behauptet Edgeworth[1], dass »das erste Prinzip der Ökonomie« darin bestehe, »dass jeder Akteur einzig durch Eigeninteresse angetrieben wird.«[2] Diese Sichtweise auf den Menschen hält sich in ökonomischen Modellen hartnäckig. Auch der Grundcharakter ökonomischer Theorie wurde von dieser grundlegenden Prämisse stark beeinflusst. In diesem Essay möchte ich einigen Problemen nachgehen, die von diesem Konzept des Menschen herrühren.

Es sollte Erwähnung finden, dass Edgeworth selbst sich durchaus dessen bewusst war, dass dieses sogenannte erste Prinzip der Ökonomie keineswegs der Realität entspricht. Tatsächlich fühlte er, dass »der konkrete Mensch des 19. Jahrhunderts zu meisten Teilen ein unreiner Egoist, ein gemischter Utilitarist ist«.[3] Dieser Umstand wirft die interessante Frage auf, aus welchem Grund Edgeworth dann derart viel Zeit und Talent in die Ausarbeitung einer Untersuchung investiert hat, deren erstes Prinzip er bereits als falsch ansah. In dieser Angelegenheit geht es nicht darum, warum in der Verfolgung allgemeiner ökonomischer Fragen Abstraktionen zur Anwendung kommen sollten (die Art der Untersuchung macht dies unvermeidbar), sondern warum jemand eine Behauptung aufstellen sollte, die er selbst nicht bloß als ungenau, sondern als grundlegend falsch erachtet? Wie wir sehen werden, bleibt diese Frage auch für die moderne Ökonomie von anhaltendem Interesse.

Ein Teil der Antwort, zumindest in Bezug auf Edgeworth, liegt ohne Zweifel in seinem Ansatz, diese Behauptung in jenen *bestimmten* Arten von Aktivitäten nicht als grundlegend falsch zu verstehen, auf die er, wie er es nennt, »ökonomisches Kalkül« anwendet: (i) Krieg und (ii) Vertrag. Unter der Voraussetzung, dass man »eingesteht, dass in den höheren Bereichen der menschlichen Natur eine Tendenz zu und ein Empfinden nach utilitaristischen Institutionen existiert«, stellt er die rhetorische Frage: »Könnten wir ernsthaft annehmen, dass diese moralischen Überlegungen im Krieg und Handel relevant wären; könnten den kontrolllosen Kern der menschlichen Selbstsucht ausmerzen oder eine bemerkenswerte Kraft ausüben im Vergleich zum Impuls des Eigeninteresses«[4]? Er interpretiert Sidgwick[5] dahingehend, dass dieser mit der »Illusion« aufgeräumt habe, dass »das Interesse aller das Interesse des Einzelnen ist«, und stellte fest, dass Sidgwick die »zwei höchsten Prinzipien – Egoismus und Utilitarismus« als »unvereinbar, es sei denn durch die Religion« verstehe. Es liege »fernab vom Geiste der Philosophie des Glücks, die Wichtigkeit der Religion zu missachten«, schreibt Edgeworth, »doch in der gegenwärtigen Untersuchung, und im Umgang mit den niederen Eigenschaften der menschlichen Natur sollten wir uns um eine eindeutigere Überführung bemühen, einen robusteren Übergang vom Prinzip des Eigeninteresses zum Prinzip oder zumindest zur Praxis des Utilitarismus.«[6]

Für dieses Argument ist es bedeutsam, den Kontext der Debatte im Auge zu behalten. Edgeworth war der Meinung, dass er für seine Untersuchung die Akzeptanz des »Egoismus« als fundamentale Verhaltensannahme begründet hatte, indem er die Akzeptanz des »Utilitarismus« als Beschreibung des faktischen Verhaltens zerstörte. Natürlich stellt der Utilitarismus bei Weitem nicht den einzigen nicht-egoistischen Ansatz dar. Zwischen den eigenen Ansprüchen und den Ansprüchen aller liegen zudem die Ansprüche einer Vielfalt an Gruppen – zum Beispiel von sowohl Familien, Freunden, lokalen Gemeinschaften und Bezugs- als auch wirtschaftlichen und sozialen Gruppen. Das Konzept der familiären Verantwortung, der Geschäftsethik, des Klassenbewusstseins u. a. gründen in diesen Zwischenbereichen des Interesses, und die Zurückweisung des Utilitarismus als eine deskriptive Verhaltenstheorie lässt nicht nur Egoismus als einzige Alternative zu. Die Relevanz einiger dieser Überlegungen für die Ökonomie der Verhandlungen und Verträge ist schwer von der Hand zu weisen.

Es muss dabei beachtet werden, dass Edgeworths Erforschung der Folgen des ökonomischen Kontakts zwischen eigennützigen Individuen den Verdienst für sich in Anspruch nehmen darf, unmittelbar bedeutend für eine abstrakte Untersuchung zu sein, die bereits seit mehr als 100 Jahren im Gange war und die in den Debatten zwischen Herbert Spencer[7], Henry Sidgwick und weiteren führenden Denkern jener Zeit viel diskutiert wurde. Zwei Jahre, bevor Edgeworths *Mathematical Psychics* erschienen, hatte Herbert Spencer seine ausführliche Analyse der Beziehung zwischen Egoismus und Altruismus in *The*

Data of Ethics veröffentlicht. Er war zu der tröstlichen, wenn auch etwas unklaren Schlussfolgerung gekommen, »dass allgemeines Glück hauptsächlich durch ein entsprechendes Streben aller Individuen nach ihrem eigenen Glück, das Glück der Individuen dagegen zum Theil durch ihr Streben nach dem allgemeinen Glück erreicht werden kann«.[8] In Hinblick auf diese recht abstrakte Untersuchung gab Edgeworths strenge ökonomische Analyse, die auf einem wohldefinierten Vertragsmodell zwischen eigennützigen Individuen oder zwei Typen von (identischen) eigennützigen Individuen aufbaut, eine klare Antwort auf eine alte hypothetisch gestellte Frage.

In Edgeworths auf egoistischem Verhalten basierenden Modell schien es eine bemerkenswerte Entsprechung zwischen Tauschgleichgewichten in wettbewerbsfähigen Märkten und dem im modernen ökonomischen Jargon sogenannten »Kern« der Ökonomie zu geben. Ein Ergebnis gilt als sich im »Kern« der Ökonomie befindend dann und nur dann, wenn es eine Reihe an Bedingungen erfüllt, die keine Verbesserung mehr zulassen. Diese Bedingungen beinhalten nicht nur, grob gesprochen, dass niemand bessergestellt werden kann, ohne dass ein anderer schlechtergestellt wird (diese Situation wird »Pareto-Optimum« genannt), sondern auch, dass niemand schlechtergestellt wird, als er ohne Handel gestellt wäre, und dass kein Zusammenschluss von Individuen durch eine Änderung ihrer Handelsumstände untereinander eine Verbesserung der eigenen Stellung erzielen könnte. Edgeworth zeigte, dass unter bestimmten allgemeinen Annahmen jedes Gleichgewicht, das in einem wettbewerbsfähigen Markt entstehen kann, diese Bedingungen erfüllen und im »Kern« sein muss.

Somit werden unter der Voraussetzung der unveränderten ursprünglichen Verteilung der Güter die kompetitiven Marktgleichgewichte in Edgeworths Modell gewissermaßen nicht von irgendwelchen realisierbaren alternativen Ordnungen dominiert. Überraschender war in mancher Hinsicht das gegenteilige Resultat, dass dann, wenn die Anzahl der Individuen jeder Art grenzenlos erhöht wurde, der Kern (welcher solche unkontrollierten Ergebnisse repräsentiert) auf das Set kompetitiver Gleichgewichte schrumpft; das heißt, der Kern würde nicht umfangreicher als das Set der kompetitiven Gleichgewichte. Diese beiden Ergebnisse wurden in jüngerer Literatur zum allgemeinen Gleichgewicht mit ähnlichen Modellen und grundsätzlich denselben Verhaltensannahmen stark ausgearbeitet und erweitert.[9]

Sich im Kern zu befinden ist allerdings aus Perspektive der Wohlfahrt gesehen an sich keine bedeutsame Leistung. Eine Person, die schlecht ausgestattet beginnt, kann auch nach Geschäftsvorgängen arm und unterprivilegiert bleiben, und wenn im Kern zu sein alles ist, was der Wettbewerb bietet, dann soll der besitzlosen Person verziehen sein, diese Leistung nicht als »Big Deal« anzusehen. Edgeworth nahm dies auch zur Kenntnis, indem er das Problem der Wahl zwischen verschiedenen miteinander im Wettbewerb stehenden Gleichgewichten einbezog. Er beobachtete, dass für die utilitaristisch gute Gesellschaft »der Wettbewerb die Ergänzung durch Willkür benötigt und dass die Basis der Willkür zwischen eigeninteressierten Vertragspartnern den größtmöglichen Gesamtnutzen darstellt«.[10] Auf die institutionellen Aspekte einer solchen Willkür sowie deren weitreichenden Auswirkungen auf die Verteilung des Grundbesitzes ging Edgeworth jedoch nicht weiter ein, trotz eines oberflächlich gegenteiligen Anscheins. Auf der Grundlage der Wettbewerbsleistung, wie begrenzt diese auch immer war, fühlte Edgeworth sich »zu einer eher zurückhaltenden Vorsicht in der Reform« berufen. Durch die Einberechnung »des Nutzens prä-utilitaristischer Institutionen« zeigte Edgeworth sich beeindruckt durch »eine Sicht auf die Natur, die nicht, wie das bei Mill hinterlassene Bild, gänzlich schlecht, sondern eine erste Annäherung zum Besten« ist.[11]

In diesem Essay geht es mir nicht darum, ob diese Annäherung an die Sache eine eher abgelegenere ist. (Meiner Meinung nach ist dies selbst innerhalb der Struktur der von Edgeworth aufgestellten Behauptungen der Fall, doch ist dies für die Thematik dieser Abhandlung nicht von zentraler Bedeutung.) Vielmehr geht es mir hierbei um die Sichtweise auf den Menschen, welche einen Teil von Edgeworths Analyse darstellt und mehr oder weniger vollständig in einem Großteil der modernen ökonomischen Theorie aufrechterhalten wurde. Die Sicht ist natürlich stilisiert und spezifisch darauf abgestimmt, einen relativ abstrakten Streit, an dem Spencer, Sidgwick und einige weitere führende zeitgenössische Denker beteiligt waren, zu lösen – nämlich in welchem Sinn und in welchem Ausmaß egoistisches Verhalten zu allgemeinem Wohl führt. Ob egoistisches Verhalten eine angemessene Ansicht der Realität darstellt oder nicht, spielt sicherlich keine tragende Rolle im Zusammenhang mit der Frage nach der Richtigkeit der Antwort, die Edgeworth auf die gestellte Frage gibt. Innerhalb der Struktur eines begrenzten ökonomischen Modells liefert sie eine eindeutige Entgegnung auf die abstrakte Erforschung von Egoismus und allgemeinem Wohl.

Diese spezielle Debatte ist seit langer Zeit geführt worden und bietet weiterhin Anregung für viele neue Betätigungen in Fragen der heutigen ökonomischen Theorie. Die begrenzte Ausrichtung der Untersuchung hat entscheidenden Einfluss auf die Wahl der ökonomischen Modelle sowie auf die Konzeption des Menschen in jenen Modellen. In ihrem bedeutenden Text zur Theorie des allgemeinen Gleichgewichts stellen Arrow und Hahn fest (vi–vii):

> Inzwischen gibt es eine lange und ziemlich eindrucksvolle Reihe von Ökonomen, von Adam Smith bis in die Gegenwart, die zu zeigen versuchten, dass eine dezentralisierte, durch Eigeninteresse angetriebene und Preissignale gelenkte Ökonomie kompatibel wäre mit einer kohärenten Einteilung wirtschaftlicher Ressourcen, welche, in einem wohldefinierten Sinn, einer großen Klasse an möglichen alternativen Einteilungen überlegen gesehen werden kann. Die Preissignale würden außerdem dazu dienen, den Grad der Kohärenz zu begründen. Es ist wichtig zu verstehen, wie überraschend dieser Ansatz für jemanden sein muss, der nicht der Tradition ausgesetzt war. Die unmittelbare Common-Sense-Antwort auf die Frage »Wie wird eine Ökonomie aussehen, die von individueller Gier motiviert und von einer großen Anzahl verschiedener Akteure kontrolliert wird?« lautet wahrscheinlich: Es wird Chaos herrschen. Die Tatsache, dass eine durchaus andere Antwort lange als wahr proklamiert wurde und damit das ökonomische Denken

vieler Menschen, die keineswegs Ökonomen waren, prägte, bietet einen ausreichenden Grund dafür, um hier ernsthaft nachzuforschen. Da die These aufgestellt und mit Nachdruck vertreten wurde, ist es nicht nur wichtig zu wissen, ob sie wahr *ist*, sondern auch, ob sie wahr sein *könnte*. Ein nicht geringer Teil des Folgenden richtet sich an diese Frage, welche bedeutende Ansprüche auf die Aufmerksamkeit der Ökonomen zu haben scheint.

Das Hauptinteresse liegt hier nicht auf der Frage, ob die postulierten Modelle und die reale ökonomische Welt einander entsprechen, sondern ob solche Antworten auf wohldefinierte Fragen mit vorausgewählten Annahmen, die das Wesen der zur Analyse zugelassenen Modelle gravierend einschränken, richtig sind. Ein spezifisches Konzept des Menschen ist in der Fragestellung an sich tief verwurzelt, und solange man noch mit der Beantwortung der Frage beschäftigt ist, besteht keine Möglichkeit, von diesem Konzept abzuweichen. In diesen gängigen ökonomischen Modellen stellt die Natur des Menschen eine kontinuierliche Reflektion der besonderen Formulierungen bestimmter allgemeiner Fragestellungen dar, die in der philosophischen Vergangenheit gestellt wurden. Die Frage, ob die gewählte Konzeption des Menschen tatsächlich realistisch ist, ist dabei schlicht und einfach kein Thema dieser Untersuchung.

II

Es gibt einen weiteren nicht-empirischen – und möglicherweise einfacheren – Grund dafür, warum die Sichtweise auf den Menschen in ökonomischen Modellen dazu neigt, die eines eigennützigen Egoisten zu sein. Eine Möglichkeit, die Interessen einer Person unabhängig davon zu definieren, was diese tut, besteht darin, in jedem einzelnen Wahlakt eine Förderung der eigenen Interessen zu sehen.[12] Obwohl dieser Ansatz erst vor relativ Kurzem im Kontext der Theorie der offenbarten Präferenzen formalisiert wurde, ist er schon ziemlich alt – bereits vor zweieinhalb Jahrhunderten argumentierte Joseph Butler gegen diesen in der *Rolls Chapel*.[13] Die Reduzierung des Menschen auf ein eigennütziges Tier hängt in dieser Theorie von einer sorgfältig formulierten Definition ab. Gesetzt den Fall, dass beobachtet wird, dass Sie x wählen und y ablehnen, wird erklärt, dass eine Präferenz von x gegenüber y »offenbart« wurde. Ihr persönlicher Nutzen wird dann als eine numerische Repräsentation dieser »Präferenz« definiert, indem der »präferierten« Alternative ein höherer Nutzen zugeschrieben wird. Durch diese Definitionen kann man einer Maximierung des eigenen Nutzens kaum entkommen, es sei denn durch Inkonsistenz. Natürlich können Sie einen Theoretiker der offenbarten Präferenz daran hindern, Ihnen eine Präferenzordnung zuzuweisen, indem Sie bei einer Gelegenheit x wählen und y ablehnen und dann prompt zum genauen Gegenteil übergehen. Auf diese Weise halten Sie ihn von einer Prägung durch eine Nutzenfunktion ab, die Sie per definitionem zu maximieren hätten. Er wird dann daraus schließen, dass Sie sich entweder inkonsistent verhalten oder dass sich Ihre Präferenzen geändert haben. Sie können einen Theoretiker der offenbarten Präferenz auch durch komplexere Inkonsistenzen frustrieren.[14] Verhalten Sie sich jedoch konsistent, dann wird es in dieser verwunschenen Welt der Definitionen so scheinen, als würden Sie den eigenen Nutzen maximieren, unabhängig davon, ob Sie ein aufrichtiger Egoist, ein rasender Altruist oder ein Kämpfer für Klassenbewusstsein sind. Wollte man Terminologie aus dem Bereich des Steuerwesens entlehnen, so würde die Arrow-Hahn-Rechtfertigung der Egoismus-Behauptung zu einer *Vermeidung* [*avoidance*] des Problems, während der Ansatz der offenbarten Präferenz eher wie eine starke *Umgehung* [*evasion*] aussieht.

Dieser Ansatz des definitorischen Egoismus läuft manchmal unter dem Namen der rationalen Wahl, und umfasst nichts anderes als innere Konsistenz. In diesem Zugang werden die Entscheidungen einer Person als »rational« dann und nur dann betrachtet, wenn *alle* diese Entscheidungen durch eine Präferenzbeziehung erklärt werden können, die mit der Offenbarten-Präferenz-Definition übereinstimmt, wenn also alle Entscheidungen als Wahl der »am meisten bevorzugten« Alternativen durch eine postulierte Präferenzbeziehung erklärt werden können.[15] Der Grundgedanke dieses Ansatzes scheint auf der Idee zu basieren, dass der einzige Weg, um die wahren Präferenzen einer Person zu erfassen, darin besteht, ihre tatsächlichen Entscheidungen zu untersuchen, und dass kein entscheidungsunabhängiger Weg sich zeigt, um Einstellungen zu Alternativen zu begreifen. (Diese Sicht ist übrigens nicht nur auf Ökonomen beschränkt. Als ich vor vielen Jahren meinen Eignungstest für Englische Literatur an der Universität Kalkutta ablegen musste, lautete eine der Fragen zu *Ein Sommernachtstraum*: »Vergleichen Sie die Charaktere von Hermia und Helena. Für welche würden Sie sich entscheiden?«)

Ich habe an anderer Stelle zu zeigen versucht, dass dieser Ansatz, wenn wir die eigentümlichen Definitionen von Präferenz und Wohlfahrt meiden, sowohl zu viel als auch zu wenig voraussetzt: zu wenig deshalb, weil nicht auf Wahl basierende Informationsquellen zu Präferenz und Wohlfahrt – wie diese Begriffe normalerweise verstanden werden – existieren, und zu viel deshalb, weil eine Entscheidung womöglich einen Kompromiss aus einer Vielfalt an Überlegungen widerspiegelt, von denen persönliches Wohl nur eine sein könnte.[16]

Die komplexen psychischen Vorgänge, die der Wahl zugrunde liegen, wurden jüngst in einigen eindringlichen Studien, die sich mit Konsumentenentscheidungen[17] und Produktionsaktivitäten[18] befassten, wirkungsvoll hervorgehoben. Die Frage ist mehr als offen, ob diese Verhaltensmerkmale überhaupt innerhalb der formalen Grenzen der konsistenten Wahl, auf denen die Theorie der Wohlfahrtsmaximierung beruht, festgehalten werden können.[19]

III

Paul Samuelson hat bemerkt, dass viele Ökonomen »die Wirtschaftswissenschaften von der Soziologie auf der Basis von rationalem und irrationalem Verhalten trennen, wobei diese Begriffe im Halbschatten der Nutzentheorie definiert sind.«[20] Diese Sichtweise kann mit guten Gründen von Soziologen abgelehnt werden, doch zeigt sich das Kreuz, das die Ökonomen hinsichtlich dieser Dichotomie zu tragen haben, dann, wenn wir zur Kenntnis nehmen, dass der Ansatz des »rationalen Verhaltens«, wie er gängig interpretiert wird, zu einer bemerkenswert nichtssagenden Theorie führt. Es scheint, dass Verhalten »durch Präferenzen erklärt wird, die wiederum ausschließlich durch Verhalten definiert werden«. Häufige Ausflüge in Zirkularitäten sind daher nicht überraschend. Dennoch hat Samuelson ohne Zweifel recht, wenn er annimmt, dass die Theorie »nicht *bedeutungslos* in technischem Sinne ist«.[21] Der Grund dafür ist einfach. Wie bereits diskutiert, stellt der Ansatz den Anspruch der inneren Konsistenz von beobachteten Entscheidungen und dieser kann sehr wohl durch tatsächliche Beobachtungen widerlegt werden, durch die die Theorie »bedeutungsvoll« im Sinne von Samuelsons Aussage wird.

Die Forderung nach Konsistenz beweist überraschend durchdringende Kraft. Verschiedene allgemeine Merkmale von Bedarfsverhältnissen können davon abgeleitet werden. Im gegenwärtigen Kontext liegt jedoch das Hauptaugenmerk auf der Möglichkeit, die Konsistenzbedingung für tatsächliche *Testungen* zu verwenden. Samuelson spezifiziert die Notwendigkeit »idealer Beobachtungsbedingungen«, um die Implikationen des Ansatzes »zurückzuweisen oder zu verifizieren«. Diese sind jedoch nicht einfach zu erfüllen, da einerseits unser großes Bedürfnis nach Abwechslung es unzulässig macht, einzelne Entscheidungsakte (eher als Entscheidungs*sequenzen*) als angemessene Einheiten zu betrachten, während andererseits Zeitspannen es komplizierter machen, zwischen Inkonsistenzen und wechselnden Geschmäckern zu unterscheiden. Tatsächlich gab es bisher äußerst wenige systematische Versuche, die Konsistenz des alltäglichen Verhaltens von Menschen zu testen, wenn auch interessante und brauchbare künstliche Experimente zu menschlichen Reaktionen auf Unsicherheit unter Laborbedingungen durchgeführt wurden. Es bleibt nach wie vor umstritten, was als zulässiger Beweis gelten kann. Würde man heute Ökonomen unterschiedlicher Schulen befragen, fände man ziemlich sicher ein Nebeneinander der Überzeugungen vor, (i) dass rationales Verhalten nicht falsifizierbar ist, (ii) dass es falsifizierbar ist, doch bislang nicht falsifiziert wurde, und (iii) dass es falsifizierbar und tatsächlich offenkundig falsch ist.[22]

Wie auch immer: Für meine Absichten hier ist das nicht von zentralem Belang. Selbst wenn wir die notwendige Konsistenz als gegeben hinnehmen, so würde dennoch, wie bereits angemerkt, die Frage nach dem Egoismus, es sei denn in einem rein definitorischen Sinn, ungelöst bleiben. Ein sich konsistent verhaltender Wähler kann jeglichen Grad an Egoismus vorweisen, den wir ihm zuschreiben wollen. Es stimmt natürlich, dass in dem speziellen Fall der reinen Konsumentenentscheidung über Privatgüter der Offenbarte-Präferenz-Theoretiker versucht, die »Präferenzen« oder »Nutzen« einer Person mit ihrem *eigenen* Bündel an Besitztümern in Beziehung zu setzen. Diese Einschränkung rührt jedenfalls nicht von der Garantie her, dass die Person einzig mit ihren eigenen Interessen beschäftigt ist, sondern von der Tatsache, dass ihr eigenes Konsumpaket – oder jenes ihrer Familie – das einzige Paket ist, über welches sie direkte *Kontrolle* in ihren Entscheidungsakten hat. Die Frage nach dem Egoismus bleibt dabei vollkommen offen.

Ich denke außerdem, dass die Fragestellung einer klareren Formulierung bedarf, als sie bisher erhalten hat, und diesem Aspekt wende ich mich nun zu.

IV

Wenn wir von einer »in der Ökonomie abstrakt angenommenen teilnahmslosen Isolation« ausgehen, um Edgeworths Worte zu benutzen, müssen wir zwei Konzepte voneinander unterscheiden: (i) Mitgefühl [*sympathy*] und (ii) Verpflichtung [*commitment*]. Ersteres bezieht sich auf Fälle, in denen die Sorge um andere direkt das eigene Wohlbefinden beeinflusst. Wenn jemanden das Wissen um die Folter anderer krank macht, dann handelt es sich um Mitgefühl; wenn es jemanden nicht persönlich schlechterstellt, derjenige es aber als falsch befindet und bereit ist, etwas dagegen zu unternehmen, handelt es sich um Verpflichtung. Ich beabsichtige nicht, den gewählten Begriffen eine besondere Leistung zuzuschreiben, doch ist die Unterscheidung meiner Meinung nach wichtig. Man könnte argumentieren, dass auf Mitgefühl basierendes Verhalten in einem wichtigen Sinn egoistisch ist, denn die Freude der anderen erfreut einen selbst und am Leid der anderen leidet man. Die Verfolgung des eigenen Nutzens kann daher durch mitfühlende Handlungen gefördert werden. Die Handlung hingegen, die vielmehr auf Verpflichtung als auf Mitgefühl basiert, ist in diesem Sinn nicht-egoistisch. (Beachten Sie allerdings, dass die *Existenz* von Mitgefühl nicht bedeutet, dass eine für andere hilfreiche Handlung auf Mitgefühl in jenem Sinn *basieren* muss, dass die Handlung nicht gesetzt worden wäre, hätte man weniger oder gar keine Befriedigung im Wohlergehen anderer. Die Frage nach der *Kausalität* wird in Kürze aufgegriffen.)

Das Konzept des Mitgefühls ist in mancher Hinsicht einfacher zu analysieren als jenes der Verpflichtung. Wenn das Wohlbefinden einer Person psychisch vom Wohlergehen anderer abhängt, handelt es sich um Mitgefühl; das Bewusstsein, dass das Wohlergehen einer anderen Person gesteigert wurde, wirkt sich somit direkt positiv auf das eigene Wohlbefinden aus. (Ist der Einfluss negativ, wird diese Beziehung treffender »Abneigung« [*antipathy*] genannt, doch können wir hier Terminologie sparen und bei dem Begriff des Mitgefühls bleiben und bloß darauf verweisen, dass diese Beziehung positiv oder negativ sein kann.) Während Mitgefühl ähnliche Dinge miteinander verbindet – etwa das Wohlergehen verschiedener Personen –, setzt Verpflichtung Entscheidungen mit erwarteten Graden des Wohlergehens in Beziehung. Eine mögliche Art, Verpflichtung zu definieren, besteht darin, die Gegebenheiten zu untersuchen, wenn eine Person eine Handlung wählt, von der sie überzeugt ist, dass diese ein geringeres Maß an persönlichem Wohl enthält als eine ebenfalls verfügbare Alternative. Hier ist zu beachten, dass zwischen verschiedenen *erwarteten* Graden des Wohls verglichen wird und dass diese Definition der Verpflichtung daher Handlungen ausschließt, die sich aufgrund unvorhergesehener Konsequenzen gegen das Eigeninteresse richten.

Eine kompliziertere Frage ergibt sich, wenn die Wahl einer Person mit der Maximierung ihres erwarteten persönlichen Wohls zusammenfällt, dies aber nicht der *Grund* für ihre Wahl ist. Wenn wir dieser Situation Raum geben wollen, können wir die Definition der Verpflichtung dahingehend erweitern, auch Fälle einzubeziehen, in denen die Wahl einer Person – während erwartetes persönliches Wohl maximiert wird – unter zumindest einer gegenteiligen Bedingung unbeeinflusst wäre, unter der die gewählte Handlung die persönliche Wohlfahrtsmaximierung beendet. Verpflichtung in diesem einschließenden Sinn wäre dann schwer sicherzustellen, und zwar nicht nur in Bezug auf die Entscheidungen anderer, sondern auch in Bezug auf die eigenen, da es nicht immer ersichtlich ist, was man unter anderen Umständen getan haben würde. Dieser erweiterte Sinn könnte in diesem Falle eine bestimmte Relevanz haben, dass jemand aus Pflichtbewusstsein handelt, welches, falls es verletzt würde, in Reue resultieren könnte, die Handlung aber tatsächlich aus Pflichtbewusstsein gewählt wurde und nicht bloß, um zu vermeiden, dass man sich aufgrund der eventuellen Reue schlecht fühlt, wenn man anders gehandelt hätte. (Natürlich würde sogar das enger gefasste Verständnis von Verpflichtung den Fall abdecken, in dem sich jemand aufgrund der eventuell resultierenden Reue schlecht fühlt, doch der Gewinn des Wohlergehens *überwiegt.*)

Bislang habe ich mich noch nicht auf Unsicherheit hinsichtlich des erwarteten Wohls bezogen. Sollte diese eingeführt werden, bliebe das Konzept des Mitgefühls davon unberührt, die Verpflichtung würde hingegen eine Neuformulierung benötigen. Die notwendigen Modifikationen hängen davon ab, wie die Person auf Unsicherheit reagiert. Der »erwartete Nutzen« von persönlicher Wohlfahrt zeigt sich vermutlich im einfachsten Fall in der menschlichen Idee davon, was einem die »Lotterie« in Hinblick auf persönlichen Gewinn ermöglichen kann (also persönliche Wohlfahrten aus verschiedenen Ergebnissen hinzuzufügen, die nach der Eintrittswahrscheinlichkeit eines jeden Ergebnisses gewichtet werden). Auf diese Weise wird die gesamte Diskussion neu formuliert, indem persönliches Wohl durch *erwartetes* persönliches Wohl ersetzt wird; Verpflichtung schließt somit die Wahl einer Handlung ein, die weniger erwartetes Wohl als eine alternativ verfügbare Handlung hervorbringt. (Demgemäß kann der weitere Sinn ebenso modifiziert werden.)

In der Terminologie der modernen ökonomischen Theorie ist Mitgefühl ein Fall von »Externalität«. Viele Modelle, wie zum Beispiel das Standardmodell, verwerfen Externalitäten, um zu begründen, dass jedes kompetitive Gleichgewicht ein Pareto-Optimum ist und zum Kern der Ökonomie gehört. Wäre die Existenz des Mitgefühls in solchen Modellen zulässig, würden einige dieser Standardresultate durcheinandergeraten, wenn auch sicherlich nicht alle.[23] Dennoch wäre keine erhebliche Änderung der Grundstruktur dieser Modelle nötig. Andererseits umfasst Verpflichtung in einem sehr realen Sinn Entscheidungen entgegen der Präferenz und zerstört somit die Kernannahme, dass für die wählende Person eine gewählte Alternative besser (oder zumindest gleich gut) sein muss als andere, und das würde eindeutig erfordern, die Modelle grundlegend anders zu formulieren.

Der Kontrast zwischen Mitgefühl und Verpflichtung könnte an einer exemplarischen Geschichte zweier Jungen aufgezeigt werden, die zwei Äpfel finden, einen großen und einen kleinen. Junge *A* sagt zu Junge *B*: »Du wählst.« *B* sucht sich, ohne zu zögern, den größeren Apfel aus. *A* ist aufgebracht und lässt sich zu der Bemerkung verleiten, dass das sehr unfair wäre. »Warum?«, fragt *B*. »Welchen hättest *du* gewählt, hättest du an meiner Stelle wählen dürfen?« »Den Kleineren natürlich!«, antwortet *A*. *B* ist nun siegessicher: »Worüber beschwerst du dich dann? Das ist doch der, den du jetzt hast!« Sicherlich gewinnt *B* diese Runde der Diskussion, doch tatsächlich hätte *A* im Falle von *B*s Wahl nichts verloren, wäre seine eigene hypothetische Wahl des kleineren Apfels auf Mitgefühl statt auf Verpflichtung begründet gewesen. *A*s Wut weist darauf hin, dass dies wahrscheinlich nicht der Fall war.

Verpflichtung ist natürlich sehr eng mit Moralvorstellungen verbunden. Allerdings ist Moral hier in einem sehr weiten Sinn zu verstehen, der eine Vielzahl von Einflüssen abdeckt, so etwa religiöse und politische, oder auch Missverständnisse und treffsichere Argumentation. Als Judith Anderson in Bernhard Shaws *The Devil's Disciple*[24] die Bereitschaft von Richard Dudgeon, sich anstelle ihres Ehemanns hängen zu lassen, als Mitgefühl für diesen oder Liebe zu ihr auslegt, ist Richard unerbittlich in seiner Verneinung:

> Was ich gestern abend tat, tat ich mit kaltem Blut, ohne dabei nur halb soviel an Ihren Mann zu denken oder […] an Sie […], wie an mich selber. Ich hatte kein Motiv und kein Interesse. Ich konnte einfach nicht anders, ich mußte so handeln. Ich weiß nicht, warum. Es liegt mir einfach nicht, den Kopf aus der Schlinge zu ziehn, wenn ein anderer dabei umkommt.[25]

Dasjenige Element der Verpflichtung, das mich hier am meisten beschäftigt, ist der Keil, den sie zwischen persönliche Entscheidung und persönliches Wohlbefinden treibt, während vieles der traditionellen ökonomischen Theorie auf deren Gleichsetzung aufbaut. Diese Identifikation ist manchmal durch die Mehrdeutigkeit des Begriffs »Präferenz« verdeckt, da die gebräuchliche Verwendung des Wortes eine Gleichsetzung von Präferenz mit dem Konzept ist, bessergestellt zu sein. Gleichzeitig ist es nicht ungewöhnlich, »präferiert« als »gewählt« zu definieren. Es geht mir hier nicht um den »korrekten« Gebrauch des Wortes »Präferenz« und ich wäre zufrieden, solange beide Verwendungen nicht *gleichzeitig* angewendet würden, in dem Versuch einer empirischen Aussage mittels zweier Definitionen.[26] Der grundlegende Zusammenhang zwischen Wahlverhalten und Wohlfahrtsleistungen wird in traditionellen Modellen in dem Moment durchtrennt, sobald Verpflichtung als Bestandteil der Wahl zugelassen wird.

V

»Na gut«, werden Sie jetzt sagen, »doch wie relevant ist das alles für die Art der Entscheidungen, mit der sich Ökonomen beschäftigen? Ökonomie hat nicht allzu viel mit Richard Dudgeons Gang zum Galgen[27] zu tun.« Meiner Meinung nach sollte man dem sofort zustimmen, dass für viele Arten des Verhaltens Verpflichtung nicht zwangsläufig ein wichtiger Bestandteil ist. In der privaten Anschaffung vieler Konsumgüter dürfte der Einbezug der Verpflichtung tatsächlich nur beschränkt sein und zeigt sich wohl nur selten in exotischen Handlungen wie dem Boykott südafrikanischer Avocados oder dem Verzicht auf

Ferien in Spanien. Verpflichtung bereitet deswegen in vielen Studien zu Konsumentenverhalten und dessen Interpretationen nicht sonderlich Probleme. Sogar Mitgefühl könnte nicht allzu wichtig sein, da die Ursprünge des interpersonalen Wirkungszusammenhangs an anderer Stelle zu finden sein könnten, etwa im Verlangen, gleichauf mit den Nachbarn zu sein oder durch die Gewohnheiten anderer Menschen beeinflusst zu werden.[28]

Die Ökonomie befasst sich jedoch weder ausschließlich mit Konsumentenverhalten, noch ist Konsum auf »Privatgüter« beschränkt. Ein Bereich, in dem die Frage nach der Verpflichtung außerordentlich wichtig ist, ist jener der sogenannten öffentlichen Güter. Diese müssen von den Privatgütern unterschieden werden, die dadurch gekennzeichnet sind, dass sie nicht von mehr als einer Person genutzt werden: Wenn Sie ein Stück Apfelkuchen essen, dann sollte mir wohl kaum in den Sinn kommen, dasselbe Stück ebenfalls zu verspeisen. Anders verhält es sich bei »öffentlichen Gütern« wie etwa Straßen oder Parks, die sowohl Sie als auch ich nutzen können. In etlichen ökonomischen Modellen begegnen uns nur Privatgüter, und das ist typischerweise dann der Fall, wenn die »unsichtbare Hand«[29] die Aufgabe hat, sichtbar Gutes zu tun. Doch in den meisten Ökonomien sind öffentliche Güter wichtig und decken eine große Bandbreite an Diensten, von Straßen über Straßenbeleuchtung bis zu Verteidigung, ab. Es gibt viele Hinweise dafür, dass das Teilen von öffentlichen Gütern im nationalen Konsum in den meisten Ländern der Welt stark angewachsen ist.

Die Problematik der optimalen Aufteilung öffentlicher Güter ist ebenfalls viel diskutiert, insbesondere in der jüngeren ökonomischen Literatur.[30] Viel Aufmerksamkeit wurde im Konkreten auf das Problem der korrekten Offenbarung von Präferenzen gerichtet. Dies wird am auffälligsten bei Beitragsbindungen, bei denen einer Person die erhaltenen Leistungen verrechnet werden. Das Hauptproblem liegt darin, dass es im Interesse eines jeden ist, seine Erwartungen herunterzuspielen. Diese Untertreibung kann allerdings zu einer Ablehnung eines öffentlichen Projekts führen, das gerechtfertigt gewesen wäre, hätte man dessen tatsächliche Vorteile gekannt. Die Analyse dieses Problems, manchmal als Trittbrettfahrerproblem [*»free rider« problem*] bezeichnet, hat unlängst zu einigen äußerst einfallsreichen Vorschlägen geführt, wie man diese Ineffizienz innerhalb des Rahmens egoistischer Handlung umgehen kann.[31] Der Belohnungsmechanismus ist mit solch einer Durchtriebenheit eingerichtet, dass Menschen einen Anreiz haben, offenzulegen, was sie tatsächlich für das betreffende öffentliche Gut zu zahlen bereit wären. Eine Schwierigkeit bei diesem Lösungsansatz entsteht aus den angenommenen Beschränkungen strategischer Möglichkeiten des Individuums, deren Entfernung zu einem Unmöglichkeitsresultat [*impossibility result*] führt.[32] Dass an Menschen Geld ausgeteilt wird, um ihnen einen Anreiz zur Offenbarung der Wahrheit zu geben, stellt eine weitere Schwierigkeit dar, denn auf diese Weise verschiebt sich die Einkommensverteilung jenseits der Lenkung durch Verteilungsüberlegungen. Dieser Effekt kann selbstverständlich durch eine Umverteilung von Grundgütern sowie Profitanteilen [*profit shares*] rückgängig gemacht werden,[33] wobei diese Handlung offensichtlich ihre eigenen Schwierigkeiten birgt.

Zentral für dieses Problem ist die Annahme, dass das Individuum, sollte es gefragt werden, zugunsten seines persönlichen Maximalgewinns antwortet. Wie haltbar ist diese Behauptung? Ich bezweifle, dass sie im Allgemeinen besonders gut ist. (»Wo ist die Bahnstation?«, fragt er mich, »Dort«, sage ich und zeige auf die Post, »und würden Sie bitte diesen Brief auf Ihrem Weg aufgeben?« »Ja«, sagt er und ist entschlossen, den Briefumschlag zu öffnen, um zu sehen, ob etwas Wertvolles darin enthalten ist.) Selbst in dem spezifischen Kontext der Offenbarung der Präferenzen in Bezug auf öffentliche Güter kann gewinnmaximierendes Verhalten nicht die beste Vorannahme ausmachen. Leif Johansen, einer der Hauptakteure der öffentlichen Ökonomie, liegt meiner Meinung nach richtig, die Behauptung in diesem Kontext zu hinterfragen:

> Die ökonomische Theorie neigt dazu, hier sowie in einigen anderen Bereichen nahezulegen, dass Menschen nur dann ehrlich sind, wenn sie dafür wirtschaftliche Anreize haben. Es handelt sich um die Behauptung in Bezug auf den *homo oeconomicus*, die fernab einer offensichtlichen Wahrheit liegt und beobachteten Realitäten gegenübergestellt werden muss. In der Tat legt ein einfacher Gedankengang die Annahme nahe, dass es sich kaum um eine absolute Wahrheit handeln kann. Keine Gesellschaft wäre funktionsfähig ohne gewisse Normen und Verhaltensregeln. Solche Normen und Regeln sind für die Funktionsfähigkeit gerade in jenen Bereichen notwendig, in denen streng ökonomische Anreize fehlen und nicht geschaffen werden können.[34]

Hier geht es nicht darum, ob Menschen ausnahmslos eine ehrliche Antwort auf jede Frage geben, sondern ob sie immer beziehungsweise hinreichend oft gewinnmaximierende Antworten geben, um eine geeignete allgemeine Annahme für die ökonomische Theorie aufzustellen. Die Realität nicht gewinnmaximierender Antworten, die ehrlichen Antworten eingeschlossen, bringt unmittelbar Verpflichtung als Komponente des Verhaltens mit ins Spiel.

Das Thema ist auch für die jüngere Literatur über strategische Stimmabgabe von Bedeutung. Eine Reihe an nennenswerten analytischen Resultaten wurde jüngst ausgearbeitet, die die Unmöglichkeit jeglicher Abstimmungsverfahren zeigen, bestimmte grundlegende Bedingungen zu erfüllen und authentisches Wählen zur gewinnmaximierenden Strategie eines jeden zu machen.[35] Die Korrektheit dieser Ergebnisse steht nicht zur Diskussion. Doch ist es angebracht anzunehmen, dass Menschen stets versuchen, durch ihr Wahlverhalten persönliche Gewinnmaximierung zu erzielen? Tatsächlich ist es bei großen Wahlen schwierig zu zeigen, dass ein Wähler durch seine Stimmabgabe eine realistische Aussicht darauf hat, das Ergebnis zu beeinflussen. Und sollte darüber hinaus der Wahlprozess als solcher Kosten nach sich ziehen, kann der von der Wahl erwartete Nettogewinn negativ ausfallen. Dennoch kann der Anteil der Wahlbeteiligung bei großen Wahlen hoch sein. An anderer Stelle habe ich dafür zu argumentieren versucht, dass bei solchen Wahlen Menschen häufig »nicht zu sehr von der Maximierung des zu erwartenden Nutzens geleitet werden, sondern von etwas viel Simplerem, nämlich dem bloßen Verlangen, seine wahre Präferenz zu verzeichnen«.[36] Sollte dieses Verlangen eine Art der Verpflichtung widerspiegeln, dann muss das infrage stehende Verhalten von der Sicht auf den Menschen in der traditionellen ökonomischen Theorie abweichen.

VI

Die Frage nach der Verpflichtung ist wichtig in einer Vielzahl anderer ökonomischer Kontexte.[37] Sie ist zentral für das Problem der Arbeitsmotivation, deren Bedeutsamkeit für die Produktionsleistung kaum zu ignorieren ist.

Sicherlich ist es kostenaufwendig und mag unmöglich sein, ein System der Überwachung mit Belohnungen und Bestrafung zu entwickeln, in dem alle dazu angeregt werden, sich anzustrengen. Jedes ökonomische System hat sich daher eher auf die Existenz von Einstellungen in Bezug auf Arbeit verlassen, die die Berechnung des Nettogewinns jeder einzelnen Anstrengungseinheit ablösen. Soziale Konditionierung spielt hier eine äußerst wichtige Rolle.[38] Ich bin davon überzeugt, dass Großbritanniens gegenwärtige wirtschaftliche Schwierigkeiten viel mit Problemen der Motivation zur Arbeit zu tun haben, die außerhalb einer Ökonomie der Belohnungen und Bestrafungen liegen. Ein Grund dafür, warum Ökonomen scheinbar so wenig zu diesem Thema beizutragen haben, liegt in der Vernachlässigung der Fragen um Verpflichtung in der traditionellen ökonomischen Theorie sowie der sozialen Verhältnisse, die diese umlagern.[39]

Diese Fragen stehen in engem Zusammenhang mit Moral, da moralische Begründungen die eigenen Handlungen beeinflussen, aber aus einer größeren Perspektive geht es um kulturelle Verhältnisse, von denen die Moral ein Teil ist. Ein starkes Beispiel ist die chinesische »Kulturrevolution«, bei der eines der vorrangigen Ziele darin bestand, die Verpflichtung hinsichtlich ökonomischer Leistungen zu steigern:

> das Ziel der Großen Proletarischen Kulturrevolution besteht darin, die Ideologie der Menschen zu revolutionieren und als Konsequenz größere, schnellere, bessere und ökonomischere Resultate in allen Arbeitsbereichen zu erzielen.[40]

Natürlich experimentierte China mit einer drastischen Reduzierung materieller Anreize in der Produktion, welche sicherlich die Bedeutung der Verpflichtung erhöht hätten, doch selbst in traditionellen Zahlungssystemen wird üblicherweise viel auf Verhaltensregeln und -weisen gesetzt, die weit über ökonomische Anreize hinausreichen.[41] Eine Organisation *ausschließlich* über Anreize des persönlichen Gewinns zu führen, dürfte ein ziemlich hoffnungsloses Unterfangen darstellen.

Ich werde noch ein wenig mehr dazu zu sagen haben, was sich genau hinter dem Gefühl der Verpflichtung verbirgt, doch möchte ich an diesem Punkt betonen, dass die Moral oder Kultur, die der Verpflichtung zugrunde liegen, begrenzt sind – fernab der Erhabenheit von Zugängen wie etwa dem des Utilitarismus. Die »impliziten Einverständnisse«, die im Geschäftsverhalten von Marktbeherrschern beobachtet wurden, scheinen auf der Basis eines Systems von gegenseitigem Vertrauen und Verantwortungsgefühl zu funktionieren, das klar definierte Grenzen aufweist, und Versuche der »Universalisierung« desselben Verhaltens müssen in anderen Handlungsbereichen durchaus nicht mit diesen einhergehen. Dort handelt es sich ausschließlich um eine Frage der Geschäftsethik, von der eine Anwendung innerhalb einer ziemlich begrenzten Domäne angenommen wird.

Ähnlich verhält es sich bei Lohn- und kollektiven Tarifverhandlungen, bei denen ein Solidaritätsempfinden beider Parteien klar definierte Grenzen aufweist und ganz und gar nicht mit einem Zugang wie jenem des allgemeinen Utilitarismus zusammenpassen muss. Edgeworths implizite Behauptung, die ich an früherer Stelle kommentiert habe, dass nämlich Egoismus und Utilitarismus die einzig möglichen Alternativen in Fragen der Motivationen sind, zeigt sich nicht besonders nützlich in diesem Kontext. Sollte der Bereich der Verpflichtung auch groß sein, so dürfte jener der Verpflichtung, die auf dem Utilitarismus oder anderen universalisierten Moralsystemen basiert, einen wohl relativ kleinen Teil ausmachen.

VII

Die ökonomische Theorie des Nutzens, die mit der Theorie des rationalen Verhaltens verbunden ist, wird manchmal dafür kritisiert, zu viel Struktur aufzuweisen; Menschen wird unterstellt, im echten Leben »einfacher« zu sein. Falls unser Argument so weit korrekt war, scheint genau das Gegenteil der Fall zu sein: Die traditionelle Theorie hat *zu wenig* Struktur. Einer Person wird *eine* bestimmte Ordnung der Präferenzen zugewiesen, die, wenn die Notwendigkeit eintreten sollte, ihre Interessen widerspiegeln soll, ihr Wohl repräsentieren, ihre Idee zusammenfassen, was zu tun ist, sowie ihre faktischen Entscheidungen und ihr Verhalten beschreiben. Kann man alle diese Dinge in einer einzigen Präferenzordnung vereinen? Eine auf diese Weise beschriebene Person mag »rational« in jenem begrenzten Sinn sein, dass sie keine Inkonsistenzen in ihrem Wahlverhalten offenlegt, doch wenn sie von diesen Unterscheidungen sehr diverser Konzepte keinen Gebrauch zu machen weiß, muss sie eher ein Dummkopf sein. Der *rein* ökonomische Mensch ist tatsächlich nicht weit davon entfernt, ein sozialer Idiot zu sein. Die ökonomische Theorie war lange mit diesem rationalen Dummkopf beschäftigt, der mit der Glorie seiner *einen* Allzweck-Präferenzordnung geschmückt war. Um Raum zu schaffen für die verschiedenen Konzepte, die mit diesem Verhalten in Verbindung stehen, benötigen wir eine stärker ausgearbeitete Struktur.

Welche Art von Struktur benötigen wir? Mehr Raum nach obenhin bietet John Harsanyis[42] wichtige Unterscheidung zwischen »ethischen« und »subjektiven« Präferenzen einer Person:

> Ersteres muss ausdrücken, was das Individuum präferiert (oder eher präferieren würde) ausschließlich auf der Basis unpersönlicher sozialer Überlegungen, während Letzteres ausdrückt, was tatsächlich präferiert wird, sei es auf der Basis der persönlichen Interessen oder auf jeglicher anderen Basis.[43]

Diese doppelte Struktur erlaubt es uns, das voneinander zu unterscheiden, was eine Person aus einer sozialen und was sie aus ihrer eigenen persönlichen Perspektive für gut befindet. Vermutlich kommt Mitgefühl unmittelbar zu der sogenannten subjektiven Präferenz hinzu, die Rolle der Verpflichtung hingegen bleibt eher unklar. Sollten die »subjektiven« Präferenzen einer Person herangezogen werden, um »ihre Nutzenfunktion zu definieren«, so scheint Verpflichtung davon ausgegrenzt zu sein, doch entsteht eine Mehrdeutigkeit, wenn »subjektive« Präferenzen so definiert werden, dass sie die Präferenzen einer Person »im ganzen Sinne des Wortes, so wie sie tatsächlich sind, ausdrücken«. Ist das im Sinne der Wahl oder im Sinne ihrer eigenen Konzeption von Wohlergehen zu verstehen? Wahrscheinlich meint Harsanyi Letzteres, da »ethische« Präferenzen demgegenüber ausdrücken sollen, »was eine Person in den seltenen Momenten bevorzugt, in denen sie sich zu einer besonderen unvoreingenommenen und unpersönlichen Einstellung zwingt«.[44] Doch was passiert, wenn eine Person nicht durch eine unvoreingenommene Sorge um alle (dabei jedes Mitgefühl eingeschlossen) von ihrer persönlichen Wohlfahrtsmaximierung ausgeht,[45] sondern durch ein Gefühl der Verpflichtung einer bestimmten Gruppe gegenüber, wie etwa der Nachbarschaft oder der sozialen Klasse, der sie angehört? Es ist offensichtlich, dass wir immer noch zu wenig Struktur haben.

Selbst dann, wenn wir moralische Urteile von einem unpersönlichen Standpunkt aus fällen, ist eine *duale* Struktur unzureichend. Sicherlich kann eine Präferenzordnung *moralischer* als eine andere, jedoch *weniger* als eine dritte sein. Auch hier wird eine stärkere Struktur benötigt. Ich habe bei der Bristol Konferenz zu »Praktischer Vernunft« im Jahr 1972 vorgeschlagen, dass wir *Rangordnungen der*

Präferenzrangordnungen mit einbeziehen müssen, um unsere moralischen Urteile auszudrücken.[46] Ich würde diese Struktur gerne etwas eingehender diskutieren. Eine bestimmte Moral kann sowohl als die »moralischste« Rangordnung einer Menge von alternativen Handlungen als auch als eine moralische Rangordnung der Rangordnungen von Handlungen betrachtet werden (die eine bloße Bestimmung der »moralischsten« Handlungsrangordnung übersteigt). Nehmen wir an, *X* sei eine Menge alternativer und sich gegenseitig ausschließender Kombinationen von betrachteten Handlungen und *Y* die Menge der Rangordnungen der Elemente von *X*. Eine Rangordnung der Menge *Y* (die aus Handlungsrangordnungen besteht) wird »Metarangordnung der Handlungsmenge *X*« genannt. Meine These lautet nun, dass eine bestimmte Rangordnung der Handlungsmenge *X* nicht aussagekräftig genug ist, um etwas über eine bestehende Moral auszusagen, und dass ein stärkeres Format durch die Wahl einer Metarangordnung von Handlungen geboten wird (also eine Rangordnung von *Y* statt von *X*). Eine solche Metarangordnung könnte *inter alia* die Festlegung einer bestimmten Handlungsrangordnung als die »moralischste« einschließen, insofern allerdings das faktische Verhalten auf einem Kompromiss zwischen moralischen Ansprüchen und der Verfolgung verschiedener anderer Objekte (darunter auch Eigeninteresse) basieren könnte, muss man ebenso die relativen moralischen Stellungen jener Handlungsrangordnungen betrachten, die *nicht* die »moralischsten« sind.

Zur Veranschaulichung denken Sie sich eine Menge *X* an alternativen Handlungskombinationen sowie die folgenden drei Rangordnungen dieser Handlungsmenge *X*:

Rangordnung *A* repräsentiert meine persönliche Wohlfahrtsanordnung (und daher, in gewissem Sinn, meine persönlichen Interessen), Rangordnung *B* spiegelt meine »isolierten« persönlichen Interessen wider und ignoriert dabei Mitgefühl (falls eine solche Trennung möglich ist, was nicht immer der Fall ist),[47] und Rangordnung *C* sind die tatsächlichen von mir getätigten Handlungen (falls solche Entscheidungen durch eine Rangordnung repräsentierbar sind, was ebenfalls nicht immer der Fall ist).[48] Die »moralischste« Rangordnung *M* kann nun jede der Anordnungen *A*, *B* oder *C* sowie auch jede weitere, von jenen dreien verschiedene Ordnung sein. (Dieser Fall tritt dann ein, wenn die tatsächlichen Handlungsentscheidungen nicht die »moralischsten« innerhalb des betreffenden moralischen Systems sind und wenn das Moralsystem außerdem eine gewisse Opferung des Eigeninteresses sowie des »isolierten« Eigeninteresses erfordert.) Doch selbst dann, wenn eine Rangordnung *M*, die nicht *A*, *B* und *C* ist, als höchste der moralischen Aufstellung bestimmt werden soll, bleibt die Frage offen, wie man *A*, *B* und *C* in Bezug aufeinander anordnen kann. Um ein konkretes Beispiel anzuführen: Sollte es passieren, dass die Verfolgung des Eigeninteresses, einschließlich der Freude und des Leids des Mitgefühls, moralisch über die Verfolgung des »isolierten« Eigeninteresses gestellt wird (und dadurch zu einem partiellen Zusammenfall von Eigeninteresse und Moral führt) und die tatsächlichen Entscheidungen eine der Verfolgung des Eigeninteresses moralisch überlegene Position ausmachen (wahrscheinlich aufgrund eines Kompromisses in Richtung der Moral), dann führt die betreffende Moral eine Metarangordnung *M*, *C*, *A*, *B* in absteigender Reihenfolge herbei. Selbstverständlich geht dies weit darüber hinaus, *M* als »moralisch beste« zu bestimmen.

Das Verfahren der Metarangordnung erlaubt ein wechselndes Ausmaß moralischer Artikulation. Es wird nicht behauptet, dass eine moralische Metarangordnung eine *komplette* Anordnung der Menge *Y* sein, also alle Rangordnungen von *X* vollständig anordnen muss. Es kann eine *partielle* Ordnung sein, und ich bin der Meinung, dass diese oft unvollständig sein wird. Und doch fühle ich mich dazu verleitet anzunehmen, dass es in den meisten Fällen kein Problem darstellen wird, weit über die limitierten Ausdrucksmöglichkeiten der zweifachen Bestimmung von »ethischen« und »subjektiven« Präferenzen hinauszugehen.

Die Handlungsrangordnungen können natürlich auch auf anderem Boden als dem eines bestimmten Moralsystems angeordnet werden. Die Metarangordnung ist eine generelle Verfahrensweise, die unter alternativen Interpretationen der Beziehungen von Metarangordnungen anwendbar ist. Sie kann für die Beschreibung einer bestimmten Ideologie oder einer Reihe politischer Prioritäten oder eines Systems der Klasseninteressen verwendet werden. In einem anderen Kontext kann sie auch ein Format dafür bieten, um auszudrücken, welche Präferenzen man zu haben bevorzugt hätte (»Ich wünschte, ich würde vegetarisches Essen mehr mögen« oder »Ich wünschte, ich würde das Rauchen nicht so sehr genießen«). Oder sie kann bei der Analyse von Konflikten in Suchtverhalten zur Anwendung kommen (»Entsprechend meinem momentanen Geschmack, bin ich mit Heroin besser dran, aber Heroin treibt mich in die Sucht und ich hätte es bevorzugt, diese Vorliebe nicht zu haben«). Die Metarangordnungen können als Werkzeug auf verschiedenste Weise in unterschiedlichen Kontexten angewendet werden.

Hier ist offensichtlich nicht die passende Gelegenheit, um auf eine detaillierte Analyse einzugehen, wie diese erweiterte Struktur ein besseres Verständnis von Präferenz und Verhalten gewährleistet. Da eine Struktur schließlich keine Theorie ist, können durch die Anwendung dieser Struktur alternative Theorien formuliert werden. Doch sollte noch erwähnt werden, dass die Struktur viel mehr Information erfordert, als die Beobachtung der tatsächlichen Entscheidungen der Menschen enthält, die höchstens die Rangordnung *C* aufzuzeigen vermag. Introspektion[49] und Kommunikation gewinnen daher an Bedeutung. Um eine Anwendung des Systems zu illustrieren, möchte ich auf einige fachliche Resultate verweisen. Angenommen, ich versuche Ihre Konzeption Ihres eigenen Wohls zu untersuchen. Zuerst bestimmen Sie die Rangordnung *A*, die Ihre Wohlfahrtsanordnung repräsentiert. Ich möchte jedoch weiter gehen und einen Eindruck von Ihrer *Hauptnutzenfunktion* [*cardinal utility function*] gewinnen, das heißt, grob gesprochen, nicht nur welche Rangordnung Ihnen mehr Wohl verschafft, sondern auch um wie viel mehr. Ich bitte Sie nun, die verschiedenen Rangordnungen hinsichtlich ihrer »Nähe« zu Ihrer tatsächlichen Wohlfahrtsrangordnung *A* anzuordnen, ähnlich wie ein Polizist eine bestimmte Methode bei der Erstellung eines Phantombilds anwendet: Ist dieses ihm ähnlicher oder eher jenes? Sollten Ihre Antworten wiedergeben, dass die Umkehrung einer starken Präferenz das Ergebnis weiter entfernt als die Umkehrung einer schwächeren Präferenzintensität, werden Ihre Antworten bestimmte Konsistenzeigenschaften befriedigen und die Anordnung der Rangordnungen wird uns erlauben, Ihre *Unterschiede* in Bezug auf Wohlfahrt paarweise miteinander zu vergleichen. In der Tat können wir, indem wir immer höhere Rangordnungen betrachten, Ihre kardinale Wohlfahrtsfunktion [*cardinal welfare function*] so genau bestimmen, wie Sie bereit sind, diese zu konkretisieren.[50] Ich behaupte nicht, dass diese Art des Dialogs die beste Variante ist, um Ihre Wohlfahrtsfunktion herauszufinden, doch verdeutlicht sie, dass sich eine vollkommen neue Welt eröffnet, die uns von den informationellen Fesseln des traditionellen Ansatzes befreit, sobald wir die Behauptung fallenlassen, dass Wahlbeobachtung die einzige Datenquelle darstellt, um etwas über Wohlfahrt zu erfahren.

Diese umfassendere Struktur hat viele weitere Anwendungen, zum Beispiel, dass sie eine genauere Analyse von *akrasia* – also der Willensschwäche – ermöglicht und einige widersprüchliche Überlegungen in der Theorie der Freiheit klärt (was ich auch an anderer Stelle zur Diskussion gestellt habe).[51] Sie hilft außerdem dabei, die Verhaltensentwicklung in Situationen zu analysieren, die durch Spiele wie das Gefangenendilemma charakterisiert sind.[52] Dieses Spiel wird, mit einiger Berechtigung, oft als der klassische Fall des Versagens individueller Rationalität gehandelt. Es gibt zwei Spieler und jeder hat zwei Strategien, die wir jeweils »eigennützig« bzw. »uneigennützig« nennen könnten, um sie sich einfacher zu merken, ohne allzu sehr ins Detail gehen zu müssen. Jeder Spieler ist persönlich bessergestellt, wenn er die eigennützige Strategie anwendet, unabhängig davon, was der andere macht. Jedoch würden beide bessergestellt sein, wenn beide die uneigennützige statt der eigennützigen Strategie wählen. Individuell betrachtet ist es optimal, eigennützig zu sein: Jeder kann nur seine eigenen Handlungen, nicht aber die des anderen beeinflussen. Unabhängig davon, welche Strategie der andere Spieler nutzt, ist jeder Spieler bessergestellt, wenn er eigennützig ist. Doch zieht diese Kombination eigennütziger Strategien, die aus dem Eigennutzen beider resultiert, ein Ergebnis nach sich, das für beide schlechter ist als das Ergebnis, wenn beide die uneigennützige Strategie gewählt hätten. Es lässt sich zeigen, dass dieser Konflikt sogar dann weiterhin auftreten kann, wenn das Spiel mehrere Male wiederholt wird.

Manche Menschen finden es verwirrend, dass der individuelle Eigennutzen des Einzelnen ein schlechteres Ergebnis für alle erzielt, doch ist dies ein altbekannter Konflikt und wurde lange Zeit allgemein diskutiert. Auch Rousseaus berühmte Unterscheidung zwischen dem »Gemeinwillen« und dem »Willen aller«[53] beruht darauf.[54] Aus Sicht des rationalen Verhaltens liegt das Rätsel allerdings in der Tatsache, dass in realen Situationen Menschen oft nicht der egoistischen Strategie folgen. Im echten Leben sind Beispiele dieser Art des Verhaltens in komplexen Umständen wohlbekannt, doch selbst unter Laborbedingungen wählen die Spieler des Gefangenendilemmas in kontrollierten Experimenten häufig den uneigennützigen Weg.[55]

In der Interpretation dieser experimentellen Resultate ist der Spieltheoretiker versucht, das Ganze auf die fehlende Intelligenz der Spielenden herunterzubrechen:

> Offenbar sind die gewöhnlichen Spieler strategisch nicht ausgeklügelt genug, um herauszufinden, dass die Stra-

tegie DD [die egoistische Strategie] die einzige rational verfechtbare Strategie darstellt, und ebendiese intellektuelle Unzulänglichkeit bewahrt sie davor, zu verlieren.[56]

Ein fruchtbarer Zugang könnte darin bestehen, die Möglichkeit einzugestehen, dass die Person *raffinierter* ist, als die Theorie es zulässt, und dass sie sich selbst befragt, welche Art der Präferenz sie der anderen spielenden Person zuschreibt, sowie auf einigermaßen kantianischem Boden bedacht hat, jene Präferenzen selbst zu haben oder sich so zu benehmen, als *hätte* sie diese selbst. Die Argumentationsführung verlangt, dass sie die Modifikationen des Spiels bedenkt, die durch auf Verpflichtung gründendes Handeln verursacht würden (in Bezug auf »offenbarte Präferenzen« würde es so aussehen, als *hätte* sie andere Präferenzen als sie tatsächlich hat), und alternative Verhaltensnormen in diesem Licht bewerten muss. Diese Belange habe ich an anderer Stelle diskutiert;[57] daher mache ich hier nur die kurze Bemerkung, dass das System der *Rangordnung der Rangordnungen* die Argumentation unterstützt, die eine Betrachtung der Leistungen verschiedener Arten von Präferenzen (oder der Handlung, als ob man diese hätte) mit einbezieht.

VIII

Auf Verpflichtung basierendes Verhalten zuzulassen, hätte sehr weitreichende Konsequenzen für das Wesen vieler ökonomischer Modelle. Ich habe versucht zu zeigen, weshalb diese Modifikation notwendig ist und warum die

Folgen gravierend sein könnten. Viele Fragen bleiben ungelöst, darunter auch die empirische Bedeutsamkeit der Verpflichtung als Teil des Verhaltens, welche von Feld zu Feld variieren würde, wie ich argumentiert habe. Außerdem habe ich aufgezeigt, warum empirische Beweise für diesen Sachverhalt nicht in der bloßen Beobachtung faktischer Entscheidungen gesucht werden können und andere Informationsquellen wie etwa Introspektion und Diskussion einbezogen werden müssen.

Es bleibt jedenfalls die Frage, ob diese Sicht auf den Menschen darauf hinausläuft, ihn als irrationales Lebewesen zu sehen. Vieles hängt davon ab, welches Konzept der Rationalität angewendet wird – es gibt viele alternative Ausformungen. Im Sinne der *Konsistenz* der Wahl besteht kein Grund dazu, der Meinung zu sein, dass man die Rationalität aufgeben müsste, wenn man Verpflichtung zulässt. Allerdings handelt es sich hier um Rationalität in einem schwachen Sinn.

Das andere vorherrschende Konzept der Rationalität in der Ökonomie identifiziert Rationalität mit der Möglichkeit, jede Handlung in Hinblick auf das Eigeninteresse zu rechtfertigen: Wenn Handlung x von Person i gewählt und Handlung y abgelehnt wird, dann impliziert dies, dass i erwartet, dass ihre persönlichen Interessen besser durch x als durch y gewährleistet werden. Mir scheint, dass dieser Ansatz drei voneinander unterschiedliche Elemente beinhaltet. Erstens handelt es sich um eine konsequentialistische Sicht: Handlungen werden nur anhand ihrer Konsequenzen beurteilt.[58] Zweitens richtet sich dieser Ansatz an die Bewertung von *Handlungen* statt an die Bewertung von *Regeln*. Und drittens sind die einzigen Konsequenzen, die in der Betrachtung der Bewertung von Handlungen berücksichtigt werden, jene, die sich auf die eigenen Interessen beziehen – alles andere bildet bestenfalls ein Zwischenprodukt. Es ist ohne Zweifel möglich, die Behauptungen zu jedem dieser Elemente als notwendigen Teil der Konzeption von Rationalität anzufechten, im definitorischen Sinn der »Macht, fähig zu sein, seine Vernunft auszuüben«. Zudem sind Argumente nicht schwer zu finden, um die Zwangsjacke jeder dieser drei Elemente abzulehnen. Handlungen, die auf Verpflichtung basieren, können durch die Verletzung jedes dieser drei Elemente auftreten. Verpflichtung ist manchmal mit einem Pflichtbewusstsein verbunden, das über Konsequenzen hinausgeht. Manchmal wird der Mangel an persönlichem Gewinn bei bestimmten *Handlungen* akzeptiert, indem der Wert der *Regeln* des Verhaltens einbezogen wird. Doch selbst im Rahmen einer konsequentialistischen Bewertung von Handlungen scheint der Ausschluss jeglicher Überlegung, mit Ausnahme jener des Eigeninteresses, der Idee von Rationalität eine völlig willkürliche Begrenzung aufzuerlegen. Henry Sidgwick hat auf die willkürliche Natur der Behauptung des Egoismus hingewiesen:

> Wenn der Utilitarier die Frage beantworten soll: »Warum soll ich mein Glück für das größere eines andern darangeben«, so muß es doch auch zulässig sein, den Egoisten zu fragen: »Warum soll ich ein gegenwärtiges Vergnügen für ein größeres in der Zukunft opfern? Warum soll ich mich um meine zukünftigen Gefühle mehr kümmern als um die Gefühle anderer Leute?« Es erscheint dem gemeinen Menschenverstande zweifellos

widersinnig, die Angabe von Gründen zu verlangen, warum man sein eignes Glück im ganzen suchen soll, aber ich verstehe nicht, wie dieses Verlangen als absurd von Leuten zurückgewiesen werden kann, welche die Anschauungen der extremen empirischen Schule der Psychologen annehmen, obwohl diese Anschauungen eine enge Verwandtschaft mit dem egoistischen Hedonismus haben. Gesetzt, das Ego ist lediglich ein System von zusammenhängenden Erscheinungen und das dauernd identische »Ich« keine Tatsache, sondern etwas Gedachtes, wie Hume und seine Nachfolger behaupten, warum sollte dann ein Teil der Gefühlsreihen, in die das Ego sich auflöst, sich um einen andern Teil derselben Reihe mehr kümmern als um eine andere Reihe?[59]

Die Sicht auf die Rationalität, die sich mit der konsequentialistischen Bewertung von Handlungen identifiziert und Eigeninteresse benötigt, kann von jedem dieser drei Blickwinkel aus in Frage gestellt werden. Verpflichtung als Teil des Verhaltens zuzulassen schließt keine Ablehnung einer durchdachten Bewertung als Basis der Handlung ein.

Es stellt keine besondere Leistung dar, großen Aufwand um eine Debatte für die »passende« Definition von Rationalität zu betreiben. Der Begriff wird vielfältig verwendet und keiner der kritischen Ansätze in Bezug auf die Verhaltensgrundlagen der ökonomischen Theorie, die hier vorgestellt wurden, steht oder fällt mit der gewählten Definition. Die Hauptsache liegt darin, ob die Behauptung, dass das Eigeninteresse in jeder Handlung gleichbleibend verfolgt wird, akzeptabel ist. Diese Art des Verhaltens rational oder irrational zu nennen, ändert nichts an der Relevanz dieser Kritikpunkte, doch erzeugt es eine willkürlich eng gefasste Definition von Rationalität. Diese Abhandlung beschäftigte sich mit der Frage, ob menschliches Verhalten besser als rational oder irrational beschreibbar ist. Die Hauptthese besteht in der Notwendigkeit, Verpflichtung als einen Teil des Verhaltens aufzunehmen. Verpflichtung setzt vernünftiges Denken nicht voraus, schließt dieses aber auch nicht aus; in der Tat, insofern Konsequenzen für andere besser begriffen sowie anhand der eigenen Werte und Instinkte bewertet werden müssen, kann das Spektrum der Vernunft sich ausweiten. Ich habe versucht, die strukturellen Erweiterungen in der Konzeption von Präferenzen zu analysieren, die durch Verhalten, das auf einer durchdachten Bewertung der Verpflichtung beruht, nötig gemacht wurden. Präferenzen als Rangordnungen müssen durch eine reichere Struktur ersetzt werden, die Metarangordnungen und verwandte Konzepte einschließt.

Ich habe außerdem dagegen argumentiert, Verhalten durch die Linse der traditionellen Dichotomie zwischen Egoismus und universalisierten Moralsystemen (wie dem Utilitarismus) zu betrachten. Gruppen, die zwischen einem selbst und allen liegen, wie etwa Klasse und Gemeinschaft, bieten einen Fokus auf viele Handlungen, die Verpflichtung einbeziehen. Die Ablehnung des Egoismus als Beschreibung der Motivation bedeutet daher weder, irgendeine universalisierte Moral als Grundlage faktischen Verhaltens zu akzeptieren. Noch lässt es Menschen übermäßig edel werden.

Und schon gar nicht impliziert der Gebrauch der Vernunft bemerkenswerte Weisheit.

Es ist so wahr wie Caesars Name Kaiser,
Dass kein Ökonom war jemals weiser,

meinte Robert Frost[60] in einem spielerischen Lob auf den zeitgenössischen Ökonomen. Wahrscheinlich kann dem ökonomischen Menschen in unserer modifizierten Konzeption ein ähnlich fragwürdiger Tribut gezollt werden. Wenn er überhaupt strahlt, strahlt er im Vergleich – im Kontrast – mit dem vorherrschenden Bild des rationalen Dummkopfs.

Zu dieser Ausgabe

Grundlage der Übersetzung ist die Erstveröffentlichung des Aufsatzes:

> Rational Fools: A Critique of the Behavioral Foundations of Economic Theory. In: Philosophy & Public Affairs 6 (1977) Nr. 4. S. 317–344. © 1977 by John Wiley & Sons.

Die Veröffentlichung erfolgt mit freundlicher Genehmigung von Amartya Sen.

Typographische Besonderheiten, wie etwa zur Hervorhebung kursiv gesetzter Textteile, wurden beibehalten. Die Anmerkungen in eckigen Klammern [ ] stammen vom Verlag.

Anmerkungen

Diese *Herbert Spencer Lecture*, an der Oxford Universität im Oktober 1976 gehalten, erscheint in *Scientific Models and Man*, hrsg. von H. Harris, und mit freundlicher Erlaubnis abgedruckt von Oxford University Press. Für hilfreiche Kommentare zu früheren Versionen bin ich sowohl den Herausgebern dieses Journals als auch Åke Andersson, Isaiah Berlin, Frank Hahn, Martin Hollis, Janos Kornai, Derek Parfit, Christopher Peacocke und Tibor Scitovsky zu Dank verpflichtet.

1 [*Edgeworth:* Francis Ysidro Edgeworth (1845–1926), Wirtschaftswissenschaftler, seit 1891 Herausgeber des *Economic Journal.*]
2 F. Y. Edgeworth, *Mathematical Psychics: An Essay on the Application of Mathematics to the Moral Sciences*, London 1881, S. 16.
3 Ebd., S. 104. Tatsächlich machte er einige interessante Bemerkungen zu den Folgen des »unreinen« Egoismus, indem er ein Element gegenseitigen Mitgefühls zugesteht. Die Kommentare wurden untersucht und analysiert von David Collard: »Edgeworth's Propositions on Altruism«, in: *Economic Journal* 85 (1975) [S. 355–360].
4 Edgeworth [*Mathematical Psychics*, s. Anm. 2], S. 52.
5 [*Sidgwick:* Henry Sidgwick (1838–1900), Moralphilosoph und Utilitarist.]
6 Edgeworth [*Mathematical Psychics*, s. Anm. 2], S. 52 f.
7 [*Herbert Spencer:* 1820–1903, Philosoph und Soziologe, wandte die Evolutionstheorie auf Gesellschaften an.]
8 H. Spencer, *The Data of Ethics*, London 1879, S. 238. [Zit. nach der dt. Übers.: *Die Thatsachen der Ethik*, Stuttgart 1879, S. 259.]
9 Siehe insb. K. J. Arrow / F. H. Hahn, *General Competitive Analysis*, San Francisco 1971.
10 Edgeworth [*Mathematical Psychics*, s. Anm. 2], S. 56.
11 Ebd., S. 82.
12 Sollten gegenwärtig getätigte Handlungen einer Person ihr zukünftiges Wohlergehen beeinflussen, werden demzufolge zukünftige Interessen danach definiert, wie sie *gegenwärtig bewertet*

werden. Im Allgemeinen besteht kein Grund zu der Annahme, dass die gegenwärtige Bewertung zukünftiger Interessen mit jenen in Zukunft bewerteten Interessen zusammenfällt. Dieser Punkt fügt dem Problem eine weitere Dimension hinzu, und ich danke Derek Parfit, dass er mich von der konzeptuellen Bedeutung dieser Frage überzeugt hat.

13 J. Butler, *Fifteen Sermons Preached at the Rolls Chapel*, London 1726; s. a. T. Nagel, *The Possibility of Altruism*, Oxford 1970, S. 81. [Dt.: *Die Möglichkeit des Altruismus*, Frankfurt a. M. 2005, S. 114.]

14 Siehe H. S. Houthakker, »Revealed Preference and the Utility Function«, in: *Economica* 17 (1950) [S. 159–174]; P. A. Samuelson, »The Problem of Integrability in Utility Theory«, in: *Economica* 17 (1950) [S. 355–385].

15 Für die analytischen Hauptresultate siehe M. K. Richter, »Rational Choice«, in: *Preference, Utility and Demand Theory*, hrsg. von J. S. Chipman [u. a.], New York 1971 [S. 29–58].

16 A. K. Sen, »Behaviour and the Concept of Preference«, in: *Economica* 40 (1973) [S. 241–259]. Siehe auch S. Körners wichtige Studie: *Experience and Conduct*. Cambridge 1971. Ebenfalls T. Schwartz: »Von Wright's Theory of Human Welfare: A Critique«, in: *The Philosophy of Georg Henrik von Wright*, hrsg. von P. A. Schilpp, [La Salle 1989]; T. Majumdar, *The Concept of Man in Political Economy and Economics*, Jawaharlal Nehru Universität, Neu-Delhi 1976; und F. Schick, »Rationality and Sociality«, in: *Philosophy of Science* 2 (1976) [S. 395–407].

17 Siehe T. Scitovsky, *The Joyless Economy: An Inquiry into Human Satisfaction and Consumer Dissatisfaction*, London / New York 1976. Siehe auch die allgemeine Kritik der Annahme von »rationalem« Konsumentenverhalten von J. Kornai, *Anti-Equilibrium*, Amsterdam/London 1971, Kap. 11; und die Literatur zu »psychologischen Wahlmodellen«, insb. D. McFadden: »Economic Applications of Psychological Choice Models«, Third World Econometric Congress, August 1975.

18 Siehe H. Liebenstein, »Allocative Efficiency vs. X-Efficiency«, in: *American Economic Review* 56 (1966) [S. 392–415]. Ebenso kritische Überlegungen zur traditionellen Annahme der Profit-

maximierung im *Geschäfts*verhalten, insb.: W. J. Baumol, *Business Behaviour, Value and Growth*, New York 1959; R. Marris, *The Economic Theory of Managerial Capitalism*, London 1964; O. Williamson, *The Economics of Discretionary Behaviour*, Chicago 1967; A. Silberston, »[Surveys of Applied Economics:] Price Behaviour of Firms«, in: *Economic Journal* 80 (1970) [S. 511–582], Repr. in: Royal Economic Society, *Surveys of Applied Economic*, Bd. 1, London 1973.

19 Zu den erforderlichen Bedingungen der Konsistenz, um Wahl als eine streng binäre Beziehung zu verstehen, siehe meinen Artikel »Choice Functions and Revealed Preference«, in: *Review of Economic Studies* 38 (1971) [S. 307–317]; H. G. Herzberger, »Ordinal Preference and Rational Choice«, in: *Econometrica* 41 (1973) [S. 187–237]; K. Suzumura, »Rational Choice and Revealed Preference«, in: *Review of Economic Studies* 43 (1976) [S. 149–158]; S. Kanger, »Choice Based on Preference«, Uppsala University 1976.

20 P. A. Samuelson, *The Foundation of Economics* [*Foundations of Economic Analysis*], Cambridge 1955, S. 90.

21 Ebd., S. 91.

22 Jüngere Kritiken an der Theorie des rationalen Verhaltens werden unter anderem von M. Hollis / E. J. Nell, *Rational Economic Man*, Cambridge 1975; S. Wong, »On the Consistency and Completeness of Paul Samuelson's Programme in the Theory of Consumer Behaviour«, Diss., Cambridge University 1975, vorgebracht. Siehe auch die pragmatische Kritik von Kornai, *Anti-Equilibrium* [s. Anm. 17], Kap. 11.

23 Siehe A. K. Sen, »Labour Allocation in a Co-operative Enterprise«, in: *Review of Economic Studies* 33 (1966) [S. 361–371]; S. G. Winter, Jr., »A Simple Remark on the Second Optimality Theorem of Welfare Economics«, in: *Journal of Economic Theory* I (1969) [S. 99–103]; Collard, »Edgeworth's Propositions« [s. Anm. 3]; G. C. Archibald / D. Donaldson, »Non-paternalism and Basic Theorems of Welfare Economics«, in: *Canadian Journal of Economics* 9 (1976) [S. 492–507].

24 [*The Devil's Disciple*: Theaterstück von George Bernhard Shaw (1856–1950), das 1777, zur Zeit des Amerikanischen Unabhängig-

keitskriegs, spielt. Richard »Dick« Dudgeon geht als Held selbstlos für jemand anders zum Galgen, wird enttarnt und soll schließlich trotzdem wegen Beleidigung des Königs gehängt werden.]

25 G. B. Shaw, *Three Plays for Puritans*, Harmondsworth 1966, S. 94. [Zit. nach der dt. Übers.: *Der Teufelsschüler*, Frankfurt a. M. 1970, S. 62.]

26 Siehe Sen, »Behaviour and the Concept of Preference« [s. Anm. 16] und Schick, »Rationality and Sociality« [s. Anm. 16].

27 [*Richard Dudgeons Gang zum Galgen:* Anspielung auf Shaws *The Devil's Disciple*, s. Anm. 24.]

28 Siehe J. S. Duesenberry, *Income, Saving and the Theory of Consumer Behaviour*, Cambridge 1949; S. J. Prais / H. S. Houthakker, *The Analysis of Family Budgets*, Cambridge 1955; W. Gaertner, »A Dynamic Model of Interdependent Consumer Behaviour«, Universität Bielefeld 1973; R. A. Pollak: »Interdependent Preferences«, in: *American Economic Review* 66 (1976) [S. 309–320].

29 [*unsichtbare Hand:* Metapher des Moralphilosophen und Ökonomen Adam Smith (1723–1790) in Bezug auf die unbewusste Förderung des Allgemeinwohls, wenn jeder nur an seinem eigenen Wohl interessiert ist.]

30 Siehe E. Lindahl, *Die Gerechtigkeit der Besteuerung*, Lund 1919, [ins Engl.] übers. in: R. A. Musgrave / A. Peacock, *Classics in the Theory of Public Finance*, London 1967; P. A. Samuelson, »The Pure Theory of Public Expenditure«, in: *Review of Economic Studies* 21 (1954); R. Musgrave, *The Theory of Public Finance*, New York 1959; L. Johansen, *Public Economics*, Amsterdam 1966; D. K. Foley, »Lindahl's Solution and the Core of an Economy with Public Goods«, in: *Econometrica* 38 (1970) [S. 66–72]; E. Malinvaud, »Prices for Individual Consumption, Quantity Indicators for Collective Consumption«, in: *Review of Economic Studies* 39 (1972) [S. 385–405].

31 T. Groves / J. Ledyard, »Optimal Allocation of Public Goods: A Solution to the ›Free Rider Problem‹«, in: *Discussion Paper* 144, Center for Mathematical Studies in Economics and Management Science [CMSEMS], Northwestern University 1975; J. Green / J. J. Laffont: »On the Revelation of Preference for Public Goods«,

in: *Technical Report* 140, Institute for Mathematical Studies in the Social Sciences, Stanford University 1974. Siehe auch J. Dreze / D. de la Vallee Poussin, »A Tâtonnement Process for Public Goods«, Econometric Society Summer Meeting, Madison 1976.

32 Siehe J. Ledyard / D.J. Roberts, »On the Incentive Problem for Public Goods«, in: *Discussion Paper* 116, CMSEMS [s. Anm. 31], Northwestern University 1974. Siehe auch L. Hurwicz, »On Informationally Decentralized Systems«, in: *Decisions and Organizations*, hrsg. von R. Radner und B. McGuire. Amsterdam 1972 [S. 297–336].

33 Siehe Theorem 4.2 in Groves/Ledyard, »Optimal Allocation of Public Goods« [s. Anm. 31].

34 L. Johansen, »The Theory of Public Goods: Misplaced Emphasis?«, Institute of Economics, University of Oslo 1976, S. 148. Siehe auch J.J. Laffont, »Macroeconomic Constraints, Economic Efficiency and Ethics«, Harvard University 1974; P. Bohm, »Estimating Demand for Public Goods: An Experiment«, in: *European Economic Review* 3 (1972) [S. 111–130].

35 A. Gibbard, »Manipulation of Voting Schemes: A General Result«, in: *Econometrica* 41 (1973) [S. 587–601]; M.A. Satterthwaite, »Strategy-proofness and Arrow's Conditions«, in: *Journal of Economic Theory* 10 (1975) [S. 187–217]; D. Schmeidler / S. Sonnenschein, »The Possibility of Non-manipulable Social Choice Functions«, in: CMSEMS [s. Anm. 31], Northwestern University 1974; B. Dutta / P.K. Pattanaik, »On Nicely Consistent Voting Systems«, Dehli School of Economics 1975; P.K. Pattanaik, »Strategic Voting without Collusion under Binary and Democratic Group Decision Rules«, in: *Review of Economic Studies* 42 (1975) [S. 93–103]; B. Peleg, »Consistent Voting Systems. Institute of Mathematics«, Hebrew University, Jerusalem 1976; A. Gibbard, »Social Decision, Strategic Behaviour, and Best Outcomes: An Impossibility Result«, in: *Discussion Paper* 224, CMSEMS [s. Anm. 31], Northwestern University 1976.

36 Siehe A.K. Sen, *Collective Choice and Social Welfare*, Edinburgh / San Francisco 1970, S. 195.

37 Siehe Ragnar Frischs Diskussion der Notwendigkeit einer »rea-

listischen theoretischen Grundlage für soziale Bestimmungen« in seinem Werk »Samarbeid mellom Politikere og Økonometrikere om Formuleringen av Politiske Preferenser«, in: *Sosialøkonomen* 25 (1971) [S. 3–11]. (Ich bin Leif Johansen für die Übersetzung wichtiger Abschnitte des Aufsatzes zu Dank verpflichtet.) Siehe auch J. A. Mirrless, »The Economics of Charitable Contributions«, Econometric Society European Meeting, Oslo 1973.

38 Siehe A. Fox, *Beyond Contract: Work, Power and Trust Relations*, London 1974; H. G. Nutzinger, »The Firm as a Social Institution: The Failure of a Contractarian Viewpoint«, in: *Working Paper* 52, Alfred Weber Institute, Universität Heidelberg 1976.

39 Vgl. »Noch [...] sollten wir das Ausmaß vergessen, in dem die konventionelle Theorie ignoriert, wie und warum Arbeit in Betrieb und Unternehmen so organisiert ist, wie sie es ist, was man die ›sozialen Verhältnisse‹ des Produktionsprozesses nennen kann.« (R. A. Gordon, »Rigor and Relevance in a Changing Institutional Setting. Presidential Address«, in: *American Economic Review* 66 (1976) [S. 1–14]. Siehe auch R. Dahrendorf, *Class and Class Conflict in Industrial Society*, Stanford: Stanford University Press, 1959; O. E. Williamson, »The Evolution of Hierarchy: An Essay on the Organization of Work«, in: *Fels Discussion Paper* 91, University of Pennsylvania 1976; S. A. Marglin, »What Do Bosses Do? The Origins and Functions of Hierarchy in Capitalist Production«, in: *Review of Radical Political Economics* 6 (1974) [S. 60–112].

40 »The Decision of the Central Committee of the Chinese Communist Party Concerning the Great Proletarian Cultural Revolution«, 8. August 1966, Repr. in: Joan Robinson, *The Cultural Revolution in China*, Harmondsworth 1969. Siehe auch A. K. Sen, *On Economic Inequality*, Oxford 1973; C. Riskin, »Maoism and Motivation: A Discussion of Work Motivation in China«, in: *Bulletin of Concerned Asian Scholars* 5 (1973) [S. 10–24].

41 Für eine kritische Analyse der jüngeren Literatur zu diesem Bereich siehe Williamson, »The Evolution of Hierarchy« [s. Anm. 39].

42 [*John Harsanyis:* John Harsanyi (1920–2000), in Ungarn gebo-

rener, amerikanischer Wirtschaftswissenschaftler und Spieltheoretiker.]

43 J. Harsanyi, »Cardinal Welfare, Individualistic Ethics, and Interpersonal Comparisons of Utility«, in: *Journal of Political Economy* 63 (1955), S. 315.

44 Ebd., S. 315 f.

45 Dabei muss man beachten, dass für Harsanyi »die Präferenzen eines Individuums jene Bedingung der Unpersönlichkeit erfüllen, wenn sie darauf verweisen, welche soziale Situation man wählen würde, wüsste man nicht, welche allgemeine Position einem zukommen würde in der gewählten neuen Situation (und jeder ihrer Alternativen), sondern die gleiche Chance auf jede der existierenden sozialen Positionen in dieser Situation hätte, von der höchsten bis zur niedrigsten.« (Ebd., S. 316.)

46 A. K. Sen: »Choice, Orderings and Morality«, in: *Practical Reason*, hrsg. von S. Körner, Oxford 1974. Siehe auch J. Watkins Erwiderung sowie meine Antwort in derselben Ausgabe, sowie R. C. Jeffrey, »Preferences among Preferences«, in: *Journal of Philosophy* 71 (1974) [S. 377–391]; K. Binmore, »An Example in Group Preferences«, in: *Journal of Economic Theory* 10 (1975) [S. 377–385]; und B. A. Weisbrod, »Toward a State-Preference Model of Utility Function Preferences: A Conceptual Note«, University of Wisconsin 1976.

47 Dies setzt eine gewisse »Unabhängigkeit« zwischen den verschiedenen Elementen voraus, die den Grad des Allgemeinwohls beeinflussen, und impliziert eine gewisse »Trennbarkeit«. Siehe W. M. Gorman, »Tricks with Utility Functions«, in: *Essays in Economic Analysis*, hrsg. von M. Artis und A. R. Nobay, Cambridge 1975 [S. 211–243].

48 Siehe Anm. 19.

49 [*Introspektion:* Sicht nach innen bzw. Selbstbeobachtung, also eine unmittelbare subjektive Beobachtung der im eigenen Bewusstsein gegebenen geistigen Zustände oder Erlebnisse.]

50 Dieses sowie weitere in Beziehung stehende Ergebnisse entstanden 1975 aus Diskussionen mit Ken Binmore, eine geplante gemeinsame Abhandlung, die diese anführt, ist jedoch leider

noch nicht verfasst worden. Mehr dazu gearbeitet wird auch von R. Nader-Ispahani.

51 Siehe Sen, »Choice, Orderings and Morality« [s. Anm. 46]; und auch Sen, »Liberty, Unanimity and Rights«, in: *Economica* 43 (1976) [S. 217–245]. Zu beachten ist außerdem die Relevanz dieser Struktur, wenn es darum geht, die Unvollständigkeit der Konzeption der Freiheit zu analysieren, hinsichtlich der Fähigkeit dasjenige zu tun, was man *tatsächlich* zu tun wünscht. Vgl. »Wenn ich feststelle, daß ich nichts oder fast nichts von dem tun kann, was ich tun möchte, brauche ich mich nur zusammenzuziehen, brauche nur meine Wünsche auszulöschen, und schon bin ich frei. Wenn es dem Tyrannen (oder dem »heimlichen Verführer«) gelingt, seine Untertanen (oder seine Kunden) soweit zu bringen, ihre ursprünglichen Wünsche aufzugeben und sich die Lebensform zu eigen zu machen (sie zu »internalisieren«), die er für sie erfunden hat, dann ist es ihm, dieser Definition zufolge, gelungen, sie frei zu machen.« I. Berlin, »Two Concepts of Liberty«, in: I. B.: *Four Essays on Liberty*, Oxford 1969, S. 139 f. [Zit. nach der dt. Übers.: *Freiheit. Vier Versuche*, Frankfurt a. M. 1995, S. 222.]

52 Siehe R. D. Luce / H. Raiffa, *Games and Decisions*, New York 1958; A. Rapoport / A. M. Chammah, *Prisoner's Dilemma: A Study in Conflict and Cooperation.* Ann Arbor 1965; W. G. Runciman / A. K. Sen, »Games, Justice and the General Will«, in: *Mind* 74 (1965) [S. 554–562]; N. Howard, *Paradoxes of Rationality*, Cambridge: MIT Press, 1971.

53 [*»Gemeinwillen« und … »Willen aller«:* vgl. Jean-Jacques Rousseaus (1712–1778) Konzepte eines *volonté générale*, also eines Willens, der sich auf das Gemeinwohl einer Gesellschaft bezieht, im Gegensatz zum *volonté de tous*, also der Summe der Einzelinteressen.]

54 Siehe Runciman/Sen [»Games, Justice and the General Will«, s. Anm. 51].

55 Siehe z. B. L. B. Lave, »An Empirical Approach to the Prisoner's Dilemma Game«, in: *Quarterly Journal of Economics* 76 (1962) [S. 424–436]; und Rapoport/Chammah, *Prisoner's Dilemma* [s. Anm. 51].

56 Rapoport/Chammah, [*Prisoner's Dilemma*, s. Anm. 52] S. 29.

57 Sen, »Choice, Orderings and Morality« [s. Anm. 46]. Siehe auch K. Baier, »Rationality and Morality« [S. 197–223] und A. K. Sen, »Rationality and Morality: A Reply« [S. 225–232], in: *Erkenntnis* 11 (1977); K. Baier, *The Moral Point of View*, Ithaca 1958; und Fred Schicks Analyse »Rationality and Sociality« [s. Anm. 16].

58 Zum Wesen des »Konsequentialismus« und die aus diesem entstehenden Problemstellungen vgl. B. Williams, »A Critique of Utilitarianism«, in: *Utilitarianism: For and Against*, hrsg. von J. J. C. Smart und B. W., Cambridge 1973.

59 H. Sidgwick, *The Method of Ethics*, London 1874; [7]1907, S. 418 f. [Zit. nach der dt. Übers.: *Die Methoden der Ethik*, Bd. 2, Leipzig 1909, S. 206 f.] Siehe auch Nagels eindringliche Erläuterung der These (T. Nagel, *The Possibility of Altruism* [s. Anm. 13], S. 1): »Der Altruismus selbst geht zurück auf eine Anerkennung der Realität anderer Personen und, gleichbedeutend damit, auf die Fähigkeit, sich selbst als lediglich ein Individuum unter einer Vielzahl anderer anzusehen.« [Zit. nach der dt. Übers.: *Die Möglichkeit des Altruismus*, s. Anm. 13, S. 11.]

60 [*Robert Frost:* 1874–1963, amerikanischer Dichter. Sen zitiert hier die ersten beiden Zeilen aus dem Gedicht »An Equalizer«: »It is as true as Caesar's name was Kaiser / That no economist was ever wiser / (Though prodigal himself and a despiser / Of capital, and calling thirst a miser), / And when we get too far apart in wealth, / 'Twas his idea that for the public health, / So that the poor won't have to steal by stealth, / We now and then should take an equalizer.«]

Bücher und Sammelbände von Amartya Sen (Auswahl)

Collective Choice and Social Welfare. San Francisco 1970. Erw. Ausg. London 2017.

On Economic Inequality. Oxford 1973. (Dt.: Ökonomische Ungleichheit. Frankfurt a. M. / New York 1975. Marburg ^{2}2017.)

Employment, Technology and Development. Oxford 1975. New York 1981.

Poverty and Famines. An Essay on Entitlement and Deprivation. Oxford 1981.

Choice, Welfare and Measurement. Oxford 1982.

Resources, Values and Development. Oxford 1984.

Commodities and Capabilities. Amsterdam 1985.

The Standard of Living. In: Geoffrey Hawthorne (Hrsg.): The Standard of Living. The Tanner Lectures. Cambridge 1987. S. 1–38.

On Ethics and Economics. Oxford 1987.

(Mit Jean Drèze) Hunger and Public Action. Oxford 1989.

Inequality Reexamined. Cambridge 1992.

The Quality of Life. (Hrsg. mit Martha Nussbaum.) Oxford 1993.

Development as Freedom. Oxford 1999. (Dt.: Ökonomie für den Menschen. Wege zu Gerechtigkeit und Solidarität in der Marktwirtschaft. München 2002.)

Rationality and Freedom. Cambridge 2002.

Identity and Violence. The Illusion of Destiny. New York / London 2006. (Dt.: Die Identitätsfalle. Warum es keinen Krieg der Kulturen gibt. München 2007.)

The Idea of Justice. London [u. a.] 2010. (Dt.: Die Idee der Gerechtigkeit. München 2010.)

(Mit Jean Drèze) An Uncertain Glory. India, and Its Contradictions. Princeton 2013. (Dt.: Indien, ein Land und seine Widersprüche. München 2014.)

The Country of First Boys. And other Essays. Neu-Delhi/Oxford 2015.

Nachwort

Ohne Zweifel gehört der Aufsatz »Rationale Dummköpfe« zu den berühmtesten Texten Sens. Er wurde in zahlreichen Sammelbänden wieder abgedruckt und wird noch heute, über fünfzig Jahre nach seiner Erstveröffentlichung, regelmäßig als Seminarlektüre empfohlen. Auch für Sen selbst besitzt der Aufsatz zentrale Bedeutung. In ihm vollzieht er die Wende von den überwiegend ökonomischen Arbeiten der ersten zehn Jahre seines wissenschaftlichen Schaffens hin zu einer sehr eigenständigen Verbindung von Philosophie und Ökonomik, die bis heute sein Werk prägt. Damit stellt er sich in die Tradition der klassischen politischen Ökonomie, wie man sie beispielsweise bei Adam Smith (1723–1790), John Stuart Mill (1806–1873) und Karl Marx (1818–1883) findet. Philosophische Reflexionen und ökonomische Überlegungen gehören diesem Verständnis nach untrennbar zusammen. Diese Ausrichtung erklärt auch die ansonsten seltsam lang anmutende Auseinandersetzung mit Francis Ysidro Edgeworth (1845–1926) am Anfang des Aufsatzes, der nämlich ein entschiedener und früher Gegner dieses klassischen Verständnisses der politischen Ökonomie und Wegbereiter einer rein mathematisch verstandenen Wirtschaftswissenschaft war.[1]

1 In der zweibändigen Reihe »Klassiker des ökonomischen Denkens« zu den 35 wichtigsten Ökonomen, den Heinz D. Kurz 2008 herausgegeben hat, taucht Edgeworth entsprechend nicht auf.

Kritik der Ökonomik

Doch was genau besagt die Kritik an der Ökonomik, die Sen in seinem Aufsatz formuliert? Die Wirtschaftswissenschaften beruhen auf dem Konzept des *homo oeconomicus* und dem damit verbundenen Rationalitätsverständnis. Der *homo oeconomicus* ist demnach ein eigeninteressierter Akteur, der nur nach seinem eigenen Vorteil strebt. Sen kritisiert daran zwei Dinge:

Erstens sei dieses Konzept falsch, denn es entspricht nicht dem wirklichen Handeln von Menschen. Auch als Wirtschaftsakteure handeln Menschen nicht nur egoistisch, sondern haben verschiedene Motive. Unter anderem können sie, wie Sen überzeugend darlegt, auch aus moralischen Gründen handeln. Er bezeichnet diese Gründe als Verpflichtungen.

Zweitens (und dieser Punkt wird häufig übersehen, obwohl er fast noch wichtiger ist) schade das Konzept des *homo oeconomicus* auch der ökonomischen Wissenschaft selbst. Zwar führt das Konzept zu einer guten mathematischen Darstellbarkeit, weil Menschen ihm zufolge ja nur das eine Motiv des Eigeninteresses haben. Damit lässt sich gut rechnen. Doch bleiben sehr viele Informationen über die tatsächlichen Handlungsmotive und rationalen Überlegungen von Menschen als Wirtschaftsakteuren unberücksichtigt. Aus diesem Grund lassen sich weder gute Vorhersagen über wirtschaftliche Entwicklungen treffen, noch lässt sich mit dem verkürzten Modell des *homo oeconomicus* verstehen, wie Wirtschaft wirklich funktioniert.

Wenn Sen mit seiner Kritik richtigliegt, dann fordert er nicht weniger als eine Revolution in den Wirtschaftswissenschaften. Die Kritik ist in dem Sinne radikal, als dass sie zu den Wurzeln der klassisch politischen Ökonomie zurückkehren will. Die meisten wirtschaftswissenschaftlichen Autoren sind dem allerdings nicht gefolgt, sondern halten an dem Konzept des *homo oeconomicus* fest. Stattdessen haben sie Sen gewissermaßen aus ihren Reihen verstoßen. In der wirtschaftswissenschaftlichen Grundlagentheorie wird er kaum noch rezipiert. Anders ist es allerdings in der deutlich anwendungsbezogenen und pragmatisch aufgestellten Entwicklungsökonomie.[2] Auch in den verwandten Bereichen der Wirtschaftsphilosophie und -soziologie erfahren die Arbeiten von Sen sehr viel Aufmerksamkeit, und in fächerübergreifenden bzw. transdisziplinären Forschungsfeldern wie beispielsweise der Nachhaltigkeitswissenschaft sind seine Überlegungen ebenfalls zentral.[3] Grund genug, sich die beiden Kritikpunkte noch einmal genauer anzuschauen.

Der *homo oeconmicus* als falsches Menschenbild

Sen argumentiert in seinem Text, dass Menschen schlicht und einfach keine *homines oeconomici* sind. Sie sind keine rationalen Nutzenmaximierer. Edgeworth hatte versucht zu zeigen, dass Menschen keine Utilitaristen sind, also nicht immer den Nutzen der größtmöglichen Zahl maximieren

2 Vgl. etwa Sabina Alkire, *Valuing Freedoms: Sen's Capability Approach and Poverty Reduction*, New York 2002, S. 94–105; David A. Crocker, *Ethics of Global Development: Agency, Capability, and Deliberative Democracy*, Cambridge 2008, S. 150–184.

3 Vgl. für eine Übersicht: Ingrid Robeyns, *Wellbeing, Freedom and Social Justice*, Oxford 2017.

wollen. Daraus hat er geschlossen, dass Menschen stattdessen Egoist*innen sein müssen, die ihren eigenen Nutzen maximieren. Der naheliegende Einwand von Sen auf diese Argumentation lautet, dass zwischen dem selbstlosen Altruismus der Utilitarist*innen und der vollständigen Selbstbezogenheit der Egoist*innen viele Abstufungen möglich sind. Daher hat die gegenwärtige ökonomische Theorie der rationalen Wahl die Annahme von Edgeworth aufgegeben: Der *homo oeconomicus* ist nicht in einem engeren, sondern nur in einem weiteren Sinne egoistisch. Er will nicht nur sein eigenes Wohl maximieren, sondern er schließt auch das Wohl jener anderen Akteure, die ihm am Herzen liegen, in seine rationalen Maximierungsüberlegungen mit ein.[4]

Dieser Ansatz wird häufig als »Theorie der offenbarten Präfenzen« bezeichnet. Demnach zeigt sich in den Handlungsentscheidungen, welche Präferenzen ein Akteur wirklich hat. In diesem Zusammenhang ist es vernachlässigenswert, wie altruistisch oder egoistisch diese Präferenzen sind. Es kommt nur darauf an, dass rationale Akteure ihren Nutzen maximieren wollen, indem sie die maximale Erfüllung ihrer Präferenzen anstreben.

Doch auch so sind Menschen nicht, kritisiert Sen. Die ökonomische Theorie spielt vielmehr mit der Doppeldeutigkeit des Begriffs der Präferenz und klingt nur deswegen so plausibel. Präferenz kann nämlich zum einen den eigenen Vorteil und zum anderen aber viel allgemeiner einfach nur das Gewählte meinen, unabhängig davon, ob das zum

4 Vgl. Gebhard Kirchgässner, *Homo oeconomicus: Das ökonomische Modell individuellen Verhaltens und seine Anwendung in den Wirtschafts- und Sozialwissenschaften*, Tübingen 2008, S. 21–27.

eigenen Vorteil ist oder nicht. Nur in diesem zweiten Sinne folgen Menschen in ihrem Handeln immer ihren Präferenzen. Diese Sichtweise schließt jedoch auch Entscheidungen ein, die nicht auf den eigenen Vorteil ausgerichtet sind.

Um diesen Punkt ganz klarzumachen, unterscheidet Sen zwischen Handlungen aus Mitgefühl und Handlungen aus Verpflichtung. Wenn ein Akteur aus Mitgefühl handelt, dann ist das noch in dem weiten Sinne egoistisch, dass er einen Vorteil daraus zieht: Er kann sein Mitgefühl befriedigen. Wenn ein Mensch aus Verpflichtung handelt, dann genießt er jedoch keinen Vorteil dieser Art, sondern seine Handlung kann sein Wohl sogar deutlich beeinträchtigen. Man stelle sich dazu nur einen Feuerwehrmann vor, der eine ihm ganz unbekannte Person aus dem Feuer zu retten versucht. Solche Verpflichtungen beruhen Sen zufolge nicht auf Mitgefühl, sondern auf den Moralvorstellungen der Menschen, unabhängig davon, wie unterschiedlich diese Vorstellungen auch sein mögen. Weil Menschen also auch aus moralischen Gründen handeln können, ist die ökonomische Theorie der rationalen Wahl falsch.

Sen räumt ein, dass viele Menschen bei vielen wirtschaftlichen Handlungen im ökonomischen Sinne rational sind, beispielsweise dann, wenn sie sich einen neuen Fernseher kaufen. Allerdings lässt sich im Sinne von Sen ergänzen, dass inzwischen sehr viele Menschen konsumethische Überlegungen anstellen und versuchen, auf faire und ökologische Weise zu konsumieren, weil sie sich dazu verpflichtet sehen.[5] In anderen Bereichen kann die ökono-

5 Vgl. Ludger Heidbrink / Imke Schmidt / Björn Ahaus, *Die Verantwortung des Konsumenten: Über das Verhältnis von Markt, Moral und Konsum*, Frankfurt a. M. 2011, bes. S. 12–14.

mische Theorie das tatsächliche Handeln von Menschen ohnehin nicht richtig erfassen, weil es auch Verpflichtungen berücksichtigt, etwa bei öffentlichen Gütern, von deren Nutzung niemand ausgeschlossen werden kann. Damit diese Güter erhalten bleiben, bedarf es Verpflichtungen. So müssen sich die Nutzer verpflichtet fühlen, einen Park oder Spielplatz auch für Fremde sauber zu halten. Andere Beispiele sind Arbeitsmotivation und Unternehmensführung. Hier spielen moralische Faktoren wie Vertrauen, Ehrlichkeit und persönliches Engagement eine wichtige Rolle. Ohne moralische Verpflichtungen würde das Wirtschaftssystem also zusammenbrechen, argumentiert Sen. Zwar drückt Sen es nicht so deutlich aus, doch ist es in der Tat ein Skandal, dass die ökonomische Theorie diesen Zusammenhang anscheinend nicht einmal erfassen kann.

Der *homo oeconomicus*: ein schädliches Menschenbild

Die zweite Kritik am *homo oeconomicus* als Grundlage der Wirtschaftswissenschaften ist komplizierter als die erste. Sie ist auch deswegen schwer zu verstehen, weil Sen selbst sich dabei einer mathematischen Sprache bedient, die wenig eingängig ist. So redet er von Rangordnungen, Metarangordnungen und kardinalen Wohlfahrtsfunktionen[6] (hier zeigt sich noch das Erbe seiner eigenen wirtschaftswissenschaftlichen Ausbildung; in späteren Werken wird er diese technische Sprache abgelegt haben). Um zu verstehen, was

6 Vgl. für weitergehende Einführungen: Wulf Gaertner, »Amartya Sen«, in: Heinz D. Kurz (Hrsg.), *Klassiker des ökonomischen Denkens*, Bd. 2, München 2009, S. 354–374; s. a. Christian Neuhäuser, *Amartya Sen zur Einführung*, Hamburg 2013, S. 21–32.

er meint und welche Kritik sich daraus für die Wirtschaftswissenschaften ergibt, hilft ein einfach gehaltenes Beispiel, das sich trotzdem schnell als sehr kompliziert erweisen wird.

Stellen wir uns eine junge Frau mit dem Namen Amy vor, die 100 Euro zu ihrer freien Verwendung hat:

(1) Amy ist Weinliebhaberin, und wenn sie sich nur um ihr eigenes Wohl kümmern würde, dann würde sie die 100 Euro in teuren Wein investieren. Das wäre die egoistische Variante von Eigeninteresse.
(2) Amy hat aber auch fünf Nichten und Neffen, die ihr sehr am Herzen liegen, und sie könnte ihnen Geschenke machen. Würde sie das Geld in Geschenke für ihre Nichten und Neffen investieren, würde die mitfühlende Variante des Eigeninteresses vorliegen.
(3) Darüber hinaus hat Amy aber auch zwei Schwestern, die mit Geld nicht gut umgehen können und die finanzielle Hilfe gebrauchen könnten. Amy hat wegen deren Lebensstils kaum Kontakt zu ihren Schwestern, sieht sich jedoch verpflichtet, ihnen zu helfen. Ihr Geld hier zu investieren würde eine kulturbasierte Form der Verpflichtung darstellen.
(4) Außerdem weiß Amy, dass auf der Welt sehr viele Menschen extrem arm sind, und sie fühlt sich verpflichtet, diesen Menschen etwas von ihrem Wohlstand abzugeben, indem sie für verschiedene Entwicklungsprojekte spendet. Das wäre eine auf einer abstrakten Moraltheorie beruhende Form der Verpflichtung.
(5) Es kann auch sein, dass Amy ein Teil des Geldes für Wein, ein Teil für ihre Nichten und Neffen, ein Teil für

ihre Schwestern und ein Teil für Hilfsprojekte aufwendet. Das ist Sen zufolge sogar die wahrscheinlichste Variante.

Die Lage ist aber noch komplizierter. Denn diese fünf Rangordnungen, wie Sen sie nennt, sind noch einmal in verschiedene Rangordnungen unterteilt. Angenommen, Amy würde sich dafür entscheiden, die 100 Euro für Wein auszugeben. Dann kann sie beispielsweise eine Flasche für 100 Euro oder zwei Flaschen für 50 Euro oder eine für 40 und drei für 20 Euro kaufen. Wenn sie sich entscheidet, das Geld ihren Schwestern zu geben, dann kann sie es gleich oder je nach Bedarf unterschiedlich verteilen. Vielleicht braucht die eine Schwester mehr Geld als die andere. Wenn sich Amy für die Mischvariante entscheidet, dann kann sie das auch auf unterschiedliche Weise tun. Sie kann sich mit einer Flasche Wein für 10 Euro begnügen, 20 Euro unter ihren Nichten und Neffen und 50 Euro unter ihren Schwestern aufteilen sowie 20 Euro spenden. Sie kann das aber auch ganz anders aufteilen.

Amy stehen offensichtlich völlig voneinander verschiedene Optionen zur Wahl. Dabei spielen sehr viele Hintergrunderwägungen für die Entscheidung eine wichtige Rolle. Wie dringend brauchen die Schwestern das Geld? Was würde den Nichten und Neffen eine Freude machen? Trinkt sie vielleicht ohnehin zu viel Alkohol? Welches Entwicklungsprojekt überzeugt sie?

Sen spricht an dieser Stelle davon, dass Menschen über Metarangfolgen verfügen, also über Rangfolgen von Rangfolgen. Er argumentiert auch, dass sie diese Rangfolgen sehr differenziert danach bewerten, wie gut sie ihren tatsächlichen Überzeugungen und Wünschen entsprechen. Im Grunde meint er damit, dass sich Amy über all die gerade genannten Möglichkeiten im Klaren ist und sie durch vernünftiges Überlegen in ein Verhältnis setzt, um sich dann für die Verteilung der 100 Euro zu entscheiden, die ihren Überzeugungen und Werten am besten entspricht.

Das Problem der Wirtschaftswissenschaften besteht nun darin, dass sie nicht in der Lage sind, Amy als in diesem Sinne vernünftig, überlegt und reflektiert zu verstehen. Denn dieser Entscheidungsprozess zeigt sich nicht am Ergebnis. Dafür ist jede einzelne Entscheidung einfach viel zu kompliziert und einzigartig. Stattdessen muss man Amy nach ihren Gründen befragen, und sie muss sich selbst kritisch überprüfen, um auf die an sie gestellten Fragen wohlerwogene Antworten zu geben.

Nur auf diese Weise kann man Sen zufolge herausfinden, was Menschen in ihrem wirtschaftlichen Handeln wirklich wollen und was sie wirklich richtig finden. Wenn man sie auf rein eigeninteressierte Wünsche reduziert und die Komplexität ihrer Entscheidungsprozesse leugnet, um ihr Verhalten berechenbar zu machen, dann behandelt man sie wie Dummköpfe, die sie in Wahrheit aber gar nicht sind. Das ist das behavioristische Selbstmissverständnis der Wirtschaftswissenschaften und davon sollten sie sich befreien, so Sen.[7]

7 Vgl. zur ausführlichen Diskussion dieser Kritik: Julien Reiss, *Philosophy of Economics*, New York 2013.

Wie bereits erwähnt, hält die Wirtschaftswissenschaft trotz der von Sen und anderen vorgebrachten Kritik an ihrem behavioristischen Paradigma einschließlich des *homo oeconomicus* fest. Das wird manchmal damit gerechtfertigt, dass es ja gar nicht um eine Beschreibung der Realität ginge, sondern nur um modellhafte Annahmen, die dann mit der Realität abgeglichen werden können.[8]

Doch auch dieses Argument hält der Kritik von Sen nicht stand. Denn Modelle können mehr oder weniger gut sein und die behavioristischen Modelle der rationalen Wahl sind manchmal gut, doch in vielen Fällen besonders schlecht.[9]

Inzwischen gibt es erste Anzeichen, dass sich diese Einsicht auch in den Wirtschaftswissenschaften selbst bemerkbar macht, weil empirische Forschungen zeigen, wie wenig diese Modelle leisten. Ob es allerdings zu einem Paradigmenwechsel kommen wird, bleibt weiterhin unklar.[10]

Die Überlegungen von Sen zur Handlungsrationalität haben allerdings indirekt einige Wirkung entfaltet. Sie bilden nämlich die Grundlage für seine einflussreichen Arbeiten zur Entwicklungsökonomie, Gerechtigkeitstheorie

8 Vgl. Kirchgässner, *Homo oeconomicus* (s. Anm. 4), S. 21–27.

9 Vgl. Daniel M. Hausman, *Preference, Value, Choice, and Welfare*, Cambridge 2012, S. 57–72; Daniel M. Hausman / Michael McPherson / Debra Satz, *Economic Analysis, Moral Philosophy, and Public Policy*, Cambridge 2016, S. 55–68.

10 Vgl. für eine Diskussion dieser Frage: Samuel Bowles, *The Moral Economy. Why Good Incentives are No Substitute for Good Citizens*, New Haven 2017, S. 205–223.

und Identitätstheorie. Für die Entwicklungsökonomie hat er seinen berühmten Fähigkeitenansatz formuliert, der bei Wirtschaftsakteuren reflexive Rationalität in Wahlentscheidungen betont.[11] Die Unterscheidung zwischen Fähigkeiten und Funktionsweisen ist auch deswegen so wichtig, weil Akteure selbst entscheiden sollen, für welche Funktionsweisen sie ihre Fähigkeiten einsetzen wollen. Mit der ökonomischen Theorie der rationalen Wahl wäre diese Unterscheidung nicht möglich.

Auch in seiner Gerechtigkeitstheorie und Identitätstheorie betont Sen die Fähigkeit von Menschen, reflexiv zwischen verschiedenen Alternativen zu entscheiden. Sie können zugleich moralische, egoistische und empathische Gesichtspunkte berücksichtigen, um politische Möglichkeiten zu bewerten. Deswegen ist Sens Gerechtigkeitstheorie mit jener Vorstellung von Demokratie verbunden, für die der öffentliche Diskurs eine zentrale Rolle spielt.[12] Aus demselben Grund macht er sich für den Grundsatz stark, dass alle Menschen über facettenreiche Identitäten verfügen, die sie selbst gestalten können. Sie sind nicht auf tradierte und anerzogene Identitätsmuster festgelegt, sondern entwerfen ihre Persönlichkeit auf dieser Grundlage selbst.[13]

Kurz: Diese Besonderheiten und der Erfolg seiner Entwicklungsökonomie, Gerechtigkeitstheorie und Identitätstheorie beruhen also nicht zuletzt auch auf seinem differenzierten Rationalitätsverständnis, das er in Auseinan-

11 Amartya Sen, *Ökonomie für den Menschen.*
12 Amartya Sen, *Die Idee der Gerechtigkeit.*
13 Amartya Sen, *Die Identitätsfalle*, bes. S. 46–49.

dersetzung mit der ökonomischen Theorie der rationalen Wahl entwickelt und in dem vorliegenden Aufsatz dargelegt hat. Das macht diesen Text so zentral. Sen hat in diesem Text gezeigt, in welche Richtung sich eine Wirtschaftswissenschaft bewegen kann (oder muss), der es nicht um mathematische Schönheit geht, sondern die wirklich dazu beitragen will, das Leben aller Menschen zu verbessern und ihre Freiheit zu vergrößern.

Zum Autor

Als Amartya Sen (* 3.11.1933) am 22. Mai 1979 seine Vorlesung »Equality of What?« in der Reihe der renommierten *Tanner Lectures on Human Values* an der amerikanischen Universität von Stanford hielt, war er nach Wirtschaftsprofessuren an der neu gegründeten Jadavpur Universität in Kalkutta (1956–1958), der Delhi School of Economics (1963–1971) und der London School of Economics (1971–1977) mit nur 45 Jahren bereits seit zwei Jahren Professor für Ökonomie an der renommierten Universität von Oxford (1977–1980).

Der indische Wirtschaftswissenschaftler hatte schon damals internationale Anerkennung und Bekanntheit besonders für seine Arbeiten zur Sozialwahltheorie[1] (*Social-Choice*-Theorie) erlangt. Darüber hinaus hatte er zu diesem Zeitpunkt u. a. bereits zu Wohlfahrtsökonomik, ökonomischen Messungen, ökonomischer Ungleichheit, ökonomischer Entwicklung, Rationalität ökonomischen Verhaltens sowie zu Armut und Hunger publiziert.[2]

Sen hatte Wirtschaftswissenschaften in Kalkutta und in Cambridge studiert, wo er im Jahr 1959 auch seinen Doktortitel erwarb. Schon früh zeigte er ein Interesse an gesellschaftlichen Fragen bzw. an Fragen, die sich um die

1 Vgl. bes. *Collective Choice and Social Welfare*; ein Sammelband mit wichtigen Aufsätzen Sens aus den 1960er und 1970er Jahren auf diesem Gebiet findet sich in: *Choice, Welfare and Measurement.*

2 Zur ökonomischen Ungleichheit vgl. *On Economic Inequality* (dt.: *Ökonomische Ungleichheit*), *Inequality Reexamined*; zur Entwicklungsökonomie vgl. *Employment, Technology and Development*; zur Armut vgl. *Poverty and Famines.*

Bedürfnisse von Menschen, um ökonomische Ungleichheit, um Armut und Hunger und körperliche und soziale Benachteiligungen drehten. In seiner Kindheit und Jugend hatte er in den 1940er Jahren die zunehmenden gesellschaftlichen Spannungen und die aufkommende Gewalt zwischen Hindus und Muslimen in seiner Heimat Indien beobachtet sowie die existenziellen Nöte und die ökonomische Unfreiheit insbesondere der ärmsten Bevölkerungsgruppen erlebt, die sich der Gewalt am wenigsten entziehen konnten.[3] Er bekam als Kind mit, dass während der großen Hungersnot im damals noch britisch-indischen Bengalen im Jahr 1943 Millionen Menschen mit niedrigsten Einkommen verhungerten. Aus Sens Sicht wäre diese Hungerkatastrophe vermeidbar gewesen, wurde sie doch u. a. durch eine fehlende Demokratie und damit einhergehend mangelhafte öffentliche Informationen und Diskussionen aufgrund einer fehlenden freien und unabhängigen Presse mitverursacht.[4]

Obwohl Sen Wirtschaftswissenschaften studiert hatte, wiesen viele Fragestellungen, die ihn interessierten, Schnittmengen mit philosophischen Themen auf. Für ihn war es ein Glücksfall, dass er mit seiner Doktorarbeit ein vierjähriges Stipendium als Wissenschaftler in Cambridge gewann. Dies ermöglichte ihm, seinen ebenfalls vorhandenen phi-

3 Vgl. Sens autobiografischen Essay, den er für den (jährlich von der Schwedischen Reichsbank vergebenen) Alfred-Nobel-Gedächtnispreis für Wirtschaftswissenschaften 1998 verfasste und der auf der offiziellen Nobelpreis-Website abrufbar ist (s. *Development as Freedom*).

4 Vgl. ebd., außerdem *The Idea of Justice*, S. 338 ff. (dt.: *Die Idee der Gerechtigkeit*, bes. Kap. 16: »Die demokratische Praxis«, S. 366 ff.).

losophischen Interessen frei nachzugehen und zusätzlich Philosophie – neben Erkenntnistheorie und Logik besonders Ethik und Politische Philosophie – zu studieren. Es fiel ihm leicht, philosophische und ökonomische Gedanken miteinander zu verknüpfen. Rasch beteiligte er sich auch an philosophischen Debatten, publizierte zu ethischen Themen und tauschte sich im Lauf der kommenden Jahrzehnte mit den wichtigen Philosophen seiner Zeit aus – unter ihnen Bernard Williams (1929–2003), John Rawls (1921–2002), Isaiah Berlin (1909–1997), Martha Nussbaum (* 1947), Ronald Dworkin (1931–2013), Derek Parfit (1942–2017), Thomas Scanlon (* 1940) und Robert Nozick (1938–2002).

Ab 1980 wechselte Sen in Oxford auf den Lehrstuhl für Politische Ökonomie und 1987 auf eine Professur für Ökonomie und Philosophie an der Harvard University. Dort lehrt er – abgesehen von einer fünfjährigen Unterbrechung, in der er von 1998 bis 2003 als Rektor des Trinity College an der Universität von Cambridge tätig war – noch heute. Im Lauf seiner wissenschaftlichen Karriere hat Amartya Sen viele wichtige Aufsätze und Bücher publiziert und zahlreiche Preise und Ehrungen erhalten, darunter im Jahr 1998 den Nobelpreis für Wirtschaftswissenschaften für seine Beiträge zur Wohlfahrtsökonomik und im Jahr 2020 den Friedenspreis des Deutschen Buchhandels. Während er unter Ökonomen u. a. für seine Arbeiten in diesen Bereichen bekannt wurde, wird er unter Philosophen und Sozialwissenschaftlern besonders für seinen Fähigkeitenansatz, aber auch für seine Beiträge zur Armuts- und Entwicklungsforschung, zu Freiheit, Gleichheit, Gerechtigkeit und Identität wahrgenommen.